AF299366

LE VERBE FRANÇAIS

CONSIDERÉ

SOUS LE RAPPORT DE SA CONJUGAISON.

PAR LE CITOYEN BOURSON.

A MADRID,

Chez Sancha, Imprimeur et Libraire, rue du Loup.

M. DCCC. III.

J'ai lû et examiné avec attention, et avec tout le soin possible, un manuscrit, intitulé : *Le verbe français consideré sous le rapport de sa conjugaison*, et j'y ai remarqué que l'auteur parfaitement versé dans la langue française, a detaillé en savant le mecanisme des verbes français.

J'ose assurer que je n'ai vû, ni remarqué jusqu'a present dans aucune de nos grammaires, soit de celles que l'Académie des Savants de Paris a fait paroître, soit de celles que certains auteurs ont composées en Espagne pour enseigner cette langue, un detail aussi exact, une methode aussi precise ni une analyse aussi parfaite.

L'auteur ne laisse rien a desirer dans ce genre : car quoique nos grammairiens n'ont compté jusqu'a présent que quatre conjugaisons dans les verbes français, et que le Citoyen Bourson nous en donne trente sept ; si l'on veut bien prendre la peine d'examiner à fond les raisons qui l'ont determiné à admettre un si grand nombre de conjugaisons, on verra aisement combien il est fondé; et combien les raisons qu'il en donne sont frapantes.

Il explique d'ailleurs, son système avec tant de clarté et facilité, qu'on ne peut qu'être convaincu que sa façon d'analyser le verbe, est la meilleure, la plus exacte et la plus conforme au genie d'une langue qui fait aujourd'hui les delices des nations, les plus sages et les plus civilisées. Je regarde donc l'impression qu'on se propose de faire, non seulement très utile, mais encore très nécessaire a tous ceux qui deja instruits des elements de la langue française, desirent s'y perfectioner : car c'est par ce moyen qu'ils peuvent se debarrasser de tous les obstacles qui s'oposent a leurs desirs, soit par le defaut des maitres qui enseignent cette langue, soit parceque ceuxci n'ont point en main des guides surs et eclairés qui puissent vaincre toutes leurs difficultés. C'est l'avis du maitre de langues de l'académie du Ferrol.

LE VERBE FRANÇAIS

CONSIDERÉ

SOUS LE RAPPORT DE SA CONJUGAISON.

LE mot conjuguer nous vient du latin, il signifie unir, lier, mettre ensemble au même joug, cette étymologie nous apprend que conjuguer des verbes, c'est les assujétir dans leurs formes et leurs terminaisons, au même joug, c'est-à-dire, aux mêmes règles, que d'autres verbes qu'on nous aurait donnés pour modèles.

Cette définition ainsi énoncée, suppose plusieurs choses : la 1.ᵉ que l'on sait déjà ce que c'est qu'un verbe : la 2.ᵉ que les verbes ont des formes et des terminaisons différentes : la 3.ᵉ que ces formes ou variations ont des valeurs particulières ; et la 4.ᵉ qu'il y a des modèles de conjugaison.

LE VERBE est un mot si riche de sens, si fécond en valeurs et en propriétés différentes, qu'il est impossible, d'après les meilleurs Grammairiens, d'en donner une définition, en même tems exacte et complète : je préfère donc de vous détailler toutes ses valeurs, et ses propriétés diverses ; et cette connaissance vous apprendra bien mieux ce qu'il est que la plus savante définition.

Le verbe paraît dans le discours 1.º pour affirmer d'une manière positive quelque état, quelque action, ou quelque attribut du sujet, on appelle sujet le mot qui représente la personne ou la chose dont on affirme ce que le verbe exprime ; le sujet suppose nécessairement l'affirmation, comme celle-ci suppose le sujet ; il n'y a donc de sujet que dans les phrases affirmatives, et il ne peut y en avoir dans celles qui ne le sont point.

Dieu créa l'univers.

Il est immuable.

La terre tourne sur elle même.

Voilà trois affirmations positives dans lesquelles *Dieu*, *il* et *la terre* sont les sujets.

2.º Le verbe paraît dans le discours, pour supposer gratuitement dans le sujet, quelque action, état ou attribut, qui n'a réellement pas lieu.

Si

Si ce pauvre homme avait connu sa maladie.

3.º pour affirmer ce qui résulterait ou aurait résulté de cette supposition gratuite ; comme si j'ajoute à la proposition précédente :

Assurément il ne serait pas mort.

4.º il y paraît pour représenter l'action, l'état ou l'attribut purement comme possible, et par conséquent comme douteux, incertain dans son événement : c'est ainsi que, dans les trois phrases suivantes, est représentée l'action de *sortir*, dont *l'Escadre* est le sujet.

Croyez-vous que l'Escadre sorte demain.

Il faudrait qu'elle sortît avant l'hyver.

Qu'elle sorte ou ne sorte pas, cela m'est indifférent.

5.º il vient dans le discours uniquement pour commander l'action, l'état ou l'attribut ; et alors, comme il n'y a plus d'affirmation, il n'y a point de sujet.

Faites silence, enfants, soyez tranquilles, etudiez, appliquez-vous.

6.º il y vient sous la dépendance d'un autre verbe ; mais sans affirmer, sans commander ; il ne conserve que sa signification ; il se dépouille en quelque sorte de la propriété de verbe, pour prendre celle de substantif, puisqu' alors il en fait les fonctions.

Perdez l'habitude de mentir.

Mourir n'est rien.

Mourir et mentir font ici la fonction de substantifs ; ils peuvent être supprimés et remplacés par deux substantifs :

Perdez l'habitude du mensonge.

La mort n'est rien.

En appelle *modes* ces six manieres d'exprimer l'état, l'action ou l'attribut ; mais outre ces modes le verbe a la propriété, selon ses formes ou terminaisons diverses, d'indiquer le tems, le nombre et les personnes : ainsi, par la forme du verbe, nous reconnaissons. 1.º Si ce qu'il exprime, doit être rapporté au tems présent, comme quand on dit : *il est à travailler pour vous* ; ou au tems passé, comme : *il travailla* ; ou au tems futur, comme : *il travaillera.*

2.º nous reconnaissons si l'action est attribuée à une seule personne, ou à plusieurs, comme : *il partira*, ou *ils partiront.*

3.º nous reconnaissons si l'action est faite par la personne même qui parle, comme quand quelqu'un dit : *je parle* ; ou si elle doit l'être par celle à qui on parle, comme : *vous écrivez bien* ; ou si elle l'est par d'autres personnes dont on parle, comme : *ce monsieur ne m'a pas connu.*

Voilà tout ce que le verbe peut signifier au moyen de ses variations ; mais indépendamment de ses formes diverses, il peut encore expriprimer la voix. Ce mot en grammaire veut dire *sens*, et il y en a trois: l'actif, le passif et le neutre.

Le sens actif est celui par lequel le sujet est représenté comme agissant sur un objet passif, comme quand je dis: *cet homme a maltraité votre frère* ; cet homme est représenté comme agissant sur un objet, qui est votre frere ; objet passif, parce qu'il souffre l'action faite par cet homme.

Le passif est celui par lequel, le sujet est représenté comme éprouvant, souffrant et recevant en soi, l'action du verbe, qui est censée faite par d'autres êtres, comme: *le bois se travaille de bien des manieres* ici je parle du bois ; et je ne le représente pas comme travaillant; mais comme étant travaillé par d'autres; il éprouve en soi l'action des travailleurs.

Le Neutre est celui par lequel, on représente une action qui n'est ni active ni passive : *cet enfant dort bien*, dormir est une action qui ne peut avoir un objet : on ne peut point dormir quelqu'un ou quelque chose ; elle n'est point non plus une action passive : car on ne la reçoit point de qui que ce soit ; on la fait, on la produit soi-même.

Il n'y a point de verbe qui n'ait ou le sens actif ou le passif ou le neutre.

Quoique cet article de la voix soit susceptible d'un grand développement, je n'en dirai pas davantage parce qu'il n'appartient point au sujet que je traite.

Vous voyez, par les détails que je viens de vous donner sur les diverses propriétés du verbe, que de tous les mots qui entrent dans la composition du discours, c'est celui qui y apporte la plus grande richesse, par la variété et la multiplicité de ses valeurs : c'est la raison par laquelle les anciens l'ont nommé *verbe* qui signifie *parole*. Comme s'ils eussent voulu dire, que c'était la parole la plus nécessaire, la parole par excellence, et qu'il n'est point possible d'énoncer le plus petit jugement sans son secours.

DES MODES.

Ce sont les diverses manières d'énoncer l'action, l'état, l'attribut exprimé par le verbe. On en distingue cinq, l'indicatif, le conditionnel, le subjonctif, l'impératif et l'infinitif.

L'Indicatif, c'est le mode par lequel on énonce une affirmation positive et absolue ; c'est le seul qui affirme d'une maniere directe et précise ; il est indépendant ; et, en quelque proposition qu'on le trouve, si on le prend seul, il aura un sens clair par lui-même.

Je

Je consens à tout ce que vous exigez de moi.
Vous partirez bientôt.
Son père était alors indisposé, et il ne put venir avec nous.
Dans ces phrases *consentir*, *exiger*, *partir*, *pouvoir*, *être* sont à l'indicatif; ils énoncent positivement l'affirmation.

Quoique *pouvoir* dans la dernière proposition, soit accompagné d'une négation, il n'en présente pas moins une affirmation positive: c'est toujours affirmer quelque chose du père, que de dire de lui, *qu'il ne put venir*.

Vous savez que tous les hommes cherchent le bonheur. Savoir et *chercher* dans ces deux propositions sont à l'indicatif; et quoique ces phrases soient liées par une conjonction, elles n'enforment pas moins un sens indépendant; en effet on peut dire:

Les hommes cherchent le bonheur,
Vous le savez.

Le Conditionnel. Il y a plusieurs sortes de propositions conditionnelles; mais relativement à l'emploi du mode qui porte ce nom, je dirai qu'il y en a de deux sortes; d'où il suit que le mode qui sert à les énoncer, doit se distinguer lui même en deux espèces. L'esprit de l'homme s'amuse à supposer ce qui n'est pas, et de ces suppositions, il tire des conséquences analogues; il se plaît à regarder comme existant, ce qui n'existe réellement point, ou, comme non existant, ce qui est véritablement; et ces hypothèses une fois posées, il forme des resultats, qui sont, par conséquent aussi nuls, que les suppositions qu'il a créées; par exemple, il est très réel que Bonaparte est revenu d'Egypte, et que son retour a influé sur presque tous les grands et les petits événemens, qui ont eu lieu depuis, tant en France, que partout ailleurs; eh bien, on se plait journellement à supposer qu'il n'est point revenu: *Si Bonaparte n'etait pas revenu d'Egypte. Si B. était resté si &c. &c. &c.* maintenant combien de conséquences ne tire-t-on pas de cette supposition? chacun en forme à son gré, les unes plus générales, les autres plus particulieres. Ces réflexions nous démontrent que l'on doit distinguer les propositions conditionnelles en deux classes: celles qui énoncent la supposition, peuvent être appelées *suppositives*; et celles destinées à énoncer les conséquences, peuvent conserver le nom de *conditionnelles*, qui suffit pour avertir qu'elles ne sont affirmées et supposées vraies, que dépendamment d'une condition; et le mode destiné à les énoncer portant le nom générique de *conditionnel* se divisera par la même raison en *suppositif* et en *conditionnel*.

Si vous n'etiez pas venu,
et que je n'eusse été importuné par personne.

Voi-

Voilà deux suppositives:

> *J'aurais travaillé à votre ouvrage,*
> *et je l'eussé peut-être fini.*

Voilà deux conditionnelles:

> *Il n'est point d'homme........*
> *qui ne préférât le repos à la gloire,*

cette derniere est conditionnelle:

> *à supposer qu'il pensât comme moi.*

Voilà une suppositive.

LE SUBJONCTIF. Pour se former une idée juste de ce mode, il faut réfléchîr que nous avons des verbes qui expriment le doute, la crainte, le désir, la surprise, l'admiration, l'obligation, le devoir, l'utilité, la nécessité, le commandement &c. tels seroient, par exemple, ceux-ci: *Je doute que, croyez-vous que.: j'ai bien peur que : je voudrais que: je m'étonne que* &c. &c. lorsque l'objet, sur lequel retombe ce doute, ce désir &c. est exprimé par une proposition entiere, il est naturel que cet objet ne soit point énoncé comme une chose positive:

> *Croyez-vous que........ je me sois trompé?*

cette proposition: *que je me sois trompé*, ne dit point positivement si je me suis trompé, ou si je ne me suis pas trompé; cette action est seulement présentée comme possible; mais, quant à son événement réel, est-elle vraie, ou ne l'est-elle pas? c'est ce qu'on ne sait point. Nous appelons *subjonctif*, le mode par lequel nous énonçons ainsi l'action du verbe, comme incertaine, comme devenue l'objet d'un doute, d'une interrogation, d'une crainte &c. &c. Telles sont dans les phrases suivantes, toutes les propositions placées à la suite de la conjonction que:

> *Je crains bien..... que vous ne m'ayez pas compris.*
> *Je désirerais....... que vous fussiez de mes amis.*
> *J'entends.......... que vous soyez de retour sur-le-champ.*
> *Il exigea .... que nous parassions en personne.*
> *Il serait étonnant que vous arrivassiez avant moi.*
> *Il serait à propos que vous lui parlassiez.*

Examinez chacune de ces propositions, et vous vous convaincrez qu'elles ne présentent ce qu'elles expriment, que comme douteux, comme possible. *Le mot subjonctif* signifie *sous-joint*; et on lui donne ce nom, comme pour avertir qu'il ne peut jamais s'employer seul; que par lui-même, il ne peut former un sens clair; qu'il a besoin d'être toujours joint à un verbe qui précéde (ce verbe peut-être sous entendu), et *sous* la dépendance duquel, il faut qu'il soit, pour avoir un sens avoué par l'usage. Lisez toutes les phrases ci-dessus, sans lire celles qui

sont

sont avant le *que* conjonction , et vous verrez qu'elles ne forment point de sens.

On donne quelque fois à ce mode le nom de *conjonctif*, parce qu'en français , presque toujours il est précédé de la conjonction *que* : c'est pour le mieux faire reconnoître , que tous les Grammairiens le font précéder de ce *que* , dans tous les tableaux de conjugaison qu'ils donnent.

IMPÉRATIF. Ce mode est celui qui par lui seul, et sans le secours d'aucun verbe , ou conjonction qui précède , a la propriété d'indiquer que l'action qu'il exprime est commandée ou conseillée , par la personne qui parle : ce mode n'affirme nullement; il ne donne point à entendre que l'action commandée aura lieu ; il suppose seulement dans celui qui parle, un désir de voir la chose commandée, exécutée par celui ou ceux à qui il la commande.

Il suit de là , que dans des énonciations impératives il n'y a pas de mode impératif, lorsque le verbe qui énonce l'action ou la chose commandée , n'énonce le commandement , que dépendamment d'un verbe qui précède exprimé ou sous-entendu:

Je vous ordonne de vous taire.
J'entends que vous soyiez soumis à ma volonté.
Je veux qu'on le fasse partir.

rien ne paraît plus impératif que ces manieres de parler ; cependant il n'y a pas là de mode impératif. les actions commandées sont exprimées dans ces phrases, par des verbes qui pris seuls n'énoncent nullement le commandement·

de vous taire,
vous soyiez soumis à ma volonté,
on le fasse partir.

Ces expressions n'ont force de commandement que dépendamment des trois verbes *J'ordonne*, *j'entends* et *je veux* mais elles auront à elles seules cette propriété si je mets les verbes à l'impératif en disant.

Taisez-vous.
Soyez soumis à mes volontés.
Faites-le partir sur-le-champ.

Si vous réflechissez bien sur la nature de la proposition exprimée par l'impératif, vous vous convaincrez qu'il est impossible qu'elle ait un sujet. Le sujet comme je vous l'ai déjà dit suppose l'affirmation , et l'impératif n'affirme en aucune façon. L'impératif peut tout au plus être accompagné d'un vocatif.

Le VOCATIF est un nom ou pronom, par lequel on appelle, ou l'on nomme simplement les personnes à qui on parle , pour faire entendre

que

que ce qu'on dit s'adresse exclusivement à elles, comme dans les phrases impératives suivantes.

Jeune homme, approchez-vous et disposez-vous à m'écouter
Soldats, suivez-moi et attaquons l'ennemi
hola! Gardes, accourez, tombez sur ce traître et
immolez-le à ma juste vengeance

quelques Grammairiens ont dit que le vocatif était dans ce cas le sujet des impératifs; mais c'est une erreur grossiere; c'est confondre des fonctions bien différentes. Le vocatif, qui peut se trouver dans toute proposition non impérative, est un mot qui n'entre point dans le corps de la proposition où il se trouve; on peut le supprimer ou le changer de place à volonté; au lieu que le sujet est une partie essentielle et principale de la proposition affirmative; il appartient au verbe affirmant, comme la cause à l'effet; je veux dire que le sujet dans ces cas est considéré comme la source, le principe, le créateur de l'action énoncée par le verbe, et sa présence est nécessaire à la proposition. Dira-t-on jamais sans sujet *partirent, dormira, avanciez?* non, c'est impossible, il faut dire avec quelques sujets *elles partirent, il dormira, vous avanciez.*

L' INFINITIF. Ce n'est pas à proprement parler un mode; il ne peut servir à aucune sorte de proposition, il ne peut paraître dans une phrase à moins qu'il n'y remplisse les fonctions d'un substantif ordinaire ou d'un adjectif: tantôt il y est employé comme sujet d'un verbe, *trahir sa patrie est un crime horrible*; tantôt comme régime du verbe, *savez vous bien conjuguer un verbe*; souvent comme régime de préposition, *après avoir consommé ses vivres, il resta cinq jours sans boire et sans manger*; en fin, quelque fois comme attribut, *cacher une vérité utile c'est faire tort à sa patrie*: quoi qu'il en soit, c'est une maniere d'employer le verbe; et, quel que puisse être l'usage qu'on en fait dans le discours, il conserve sa signification de verbe, il peut même en être considéré comme la source: en effet, c'est par l'infinitif que nous nommons tous nos verbes.

On peut donc dire que l'infinitif est le mode qui rappelle l'idée du verbe d'une manière abstraite, sans marquer aucune espèce d'affirmation ni de commandement, et sans designer par lui-même, ni le tems, ni le nombre, ni les personnes.

L'infinitif se divise en deux parties principales: l'une est l'infinitif proprement dit, et l'autre est le gérondif. A la suite de l'infinitif, on place d'ordinaire le participe qui, à la rigueur, ne devrait point y trouver place, puisqu'il n'en fait point partie.

LE GÉRONDIF est cette partie du verbe toujours terminée en *ant.*

Dans

Dans l'ancien tems il se divisait en deux espèces bien différentes: l'un, presque toujours précédé de *en*, était, comme il l'est encore aujourd'hui, un vrai substantif verbal, toujours regime de cette préposition *en* exprimée ou sous-entendue, et destiné comme l'infinitif à rappeler l'idée du verbe d'une maniere abstraite ; c'est-à-dire à la façon des substantifs métaphysiques , et pouvant comme lui être supprimé et remplacé par un substantif ordinaire.

En dormant il est impossible de s'en apercevoir.

L'ennemi en s'approchant , leur fit perdre courage.

Il s'amuse en travaillant.

En mourant il déclara la vérité.

On peut faire disparaître ces quatre gérondifs et dire:

Durant le sommeil il est impossible &c.

Par son approche , par sa marche l'ennemi leur fit &c.

Pendant son travail il s'amuse.

A sa mort il declara la vérité.

L'autre gérondif, non précédé de *en*, était un vrai participe actif, un adjectif verbal ; il s'accordait en genre et en nombre avec le substantif ou pronom auquel il se rapportait ; il est inutile d'en donner des preuves. On le nommait alors tantôt participe présent, tantôt participe actif. 1.º *Participe*, parce que, variant sa terminaison comme l'adjectif, et ayant en même tems la valeur et la signification du verbe , il participait véritablement de la nature du verbe et de celle de l'adjectif. 2.º *Participe présent* parce qu'il dépeint l'action du verbe comme présente, ou absolument ou relativement au verbe principal de la phrase : *ce sont des prisonniers arrivant d'Italie. Ils* arrivent actuellement même : *étant un jour à ma fenêtre , je vous vis passer.* L'action d'être à la fenêtre est passée ; mais elle était présente lorsque je vous vis passér. 3.º *Participe actif*, parce que il représente l'action faite par la personne ou la chose même à laquelle il se rapporte. *Cette dame arrivant lorsque nous étions là on changea de conversation* : ici l'action d'arriver est représentée produite par cette dame. Il n'en est pas de même du participe ordinaire : c'est ce que je vous démontrerai bientôt.

Aujourd'hui l'usage ne permet pas de donner à ce gérondif les terminaisons variées qui semblent caractériser l'adjectif ou le participe , il paraît d'après cela qu'on ne peut plus le considérer comme un vrai participe; mais ce changement de terminaison , qu'il n'a perdu que par un pur caprice de l'usage , est-il lui-même absolument essentiel à la nature de l'adjectif ? hors cette variation je vois que ce gérondif destiné à représenter une action, un état &c. ne peut, comme l'adjectif, se trouver dans une proposition s'il n'est joint à un snbstantif ou à un pronom au-

auquel il se rapporte , et que , s'il a perdu la forme matérielle d'adjectif, il n'en a pas moins conservé toute la valeur et les propriétés: je crois donc qu'on peut le considérer encore quant au fond , comme un participe ou attribut verbal invariable.

Il y aura donc un gérondif substantif, presque toujours précédé de la préposition *en*, et un gérondif attribut ou adjectif verbal invariable.

Le premier vient dans le discours 1.° pour exprimer une action circonstancielle subordonnée à l'action principale ; comme *il me répondit en souriant*. Ici l'action principale est *répondre* et celle de *sourire* est une circonstance 2.° pour marquer l'action principale elle même , celle de circonstance demeurant alors exprimée par un mode fini : *on dit que les sauvages d'Othaïti se lavent à tout moment la bouche en mangeant*. Ici l'action principale est *manger* , et l'action circonstancielle est celle de *se laver la bouche* exprimée par l'indicatif: on peut dire à cet égard que , quand nous voulons affirmer deux actions qui ont lieu en même tems et faire parconséquent entendre que l'une est circonstance de l'autre , nous mettons assez indifféremment l'une ou l'autre de ces actions sous la forme de gérondif en ne fesant qu'une proposition de ce qui eût pu servir à en faire deux à mode fini , ainsi , au lieu de dire *il dansait et chantait en même tems* , on dit *il dansait en chantant* , ou bien *il chantait en dansant*. 3.° il indique la maniere dont se fait une chose c'est à dire qu'il donne à entendre que l'action exprimée sous la forme de gérondif est une façon , une manière particulière de faire l'action principale : *les passions nous tourmentent en nous caressant* ; *tout en plaisantant il nous dit une foule de vérités*. 4.° ils indiquent que l'action qu'ils expriment est un moyen de parvenir à un but proposé : *c'est en réunisant vos forces , vos lumières , vos secours , et non pas en les divisant , que vous repousserez votre ennemi commun*.

L'ATTRIBUT VERBAL ou participe présent sert: 1.° à marquer dans le substantif un état momentané , une action passagère : *C'était une flotte arrivant d'Amérique*. 2.° toutes les actions habituelles propres à dépeindre le caractère des individus : nous ne pouvous en effet mieux développer le caractère et les mœurs des hommes qu'en citant les actions ou les traits qui leur sont les plus habituels, les plus familiers: *Robespierre était d'un caractère farouche et ombrageux ne consultant personne, se défiant de tout le monde , n'apercevant dans tous les hommes que des traîtres , ne voyant la République qu'entourée de précipices, recherchant sans menagement les adulations du peuple &c. &c.* 3.° Il indique une cause , une raison, un motif qui influe sur la principale action et qui la détermine : *la plupart des courtisans , jugeant alors la chûte de l'etat inévitable et preférant leur avantage particulier au bien de*

la

la patrie, plongèrent le prince dans la dissipation et lui fermèrent les yeux sur le bord de l'abime. Ici jugeant et préférant sont mis pour vu qu'ils jugeaient et comme ils préféraient.

LE PARTICIPE. Les termes verbaux que les Grammairiens qualifient aujourd'hui de ce nom le méritent bien moins que celui que je viens de nommer attribut verbal, ou participe présent actif. En effet ils n'ont ce nom que parce qu'une tradition grammaticale irréfléchie s'est accordée à le leur conserver, pour que l'on pût leur donner à tous cette dénomination générale, il faudrait que tous indistintement eussent la valeur d'un attribut verbal, qu'ils pussent se joindre à un substantif pour le modifier par une qualification empruntée de la signification du verbe; au moins faudrait-il qu'ils fussent tous susceptibles de prendre le genre et le nombre, et de paraître toujours dans le discours, tantôt sous la forme de l'adjectif, et tantôt purement sous celle de verbe. Enfin il faudrait que, toutes les fois qu'ils paraissent dans le discours sous la forme de l'adjectif, l'analyse y reconnût de vrais adjectifs. Or tout cela est loin d'être vrai. Je sais qu'il y en a plusieurs auxquels cette dénomination convient parfaitement bien, mais ils ne sont pas tous de la même nature.

1.º Dans une foule de verbes, ce n'est qu'un terme ou substantif abstrait destiné à nous représenter l'action du verbe dont il dérive comme passée ; par lui-même alors il est insignifiant ; il n'a de valeur que lorsque identifié avec *avoir*, il concourt avec cet auxiliaire à former des tems composés du verbe ; jamais il ne peut se joindre à un substantif comme attribut ; et enfin l'analyse reconnaît qu'il est impossible de trouver un cas où il puisse s'accorder : tels sont *voyagé, dormi, vécu, langui, paru, nagé, existé, gémi, serpenté* &c. et en général tous les participes de ces verbes neutres qui ne peuvent jamais se conjuguer avec *être*, ni devenir pronominaux. On peut encore mettre dans cette classe tous ceux des verbes pronominaux neutres, qui sont bornés à une seule signification, et dans lesquels il est evident que le second pronom est régi par la préposition *à* comme *nuire à soi, succèder à soi, suffire à soi* &c. *nui, suffi, succèdé* &c. ne peuvent jamais être accordés que par erreur. On doit ecrire :

Ils se sont nui les uns aux autres

nous nous sommes suffi à nous-mêmes

plusieurs évènements se sont succèdé les uns aux autres.

2.º Si dans bien des cas il y en a quelques-uns qui s'accordent, ce n'est pas qu'ils puissent en aucune manière être considérés comme attributs des mots avec lesquels cet accord a lieu ; c'est parce que nos premiers

miers

miers grammairiens , obéissant plus à l'impulsion d'un pédantisme outré que à toutes les réclamations du bon sens , ont surchargé notre Syntaxe de décisions absurdes qu'on nomme aujourd'hui *règles* quand on dit: *les impies se sont efforcés de nous pervertir* : *cette damme s'était bien doutée de mon intention* : *elle s'est déplue à la campagne* &c. un étranger voyant cet accord de *doutée*, *efforcés*, *déplue*, n'a-t-il pas le droit de s'imaginer qu'en français on peut dire : *des hommes efforcés*, *des dames doutées*, *une personne déplue* ? chose qui est contre l'usage et le bon sens , et dont l'absurdité nous choque bien plus qu'un accord aussi peu raisonné ; mais auquel l'usage nous à familiarisés.

3.º En vertu des mêmes règles ce participe s'accorde quelque fois d'une manière qui paraît contradictoire : je veux dire que cet accord se fait avec des choses auxquelles la pensée ne le rapporte point, et qu'il ne se fait point avec celles auxquelles elle le rapporte ; c'est ce qui arrive pour certains verbes pronominaux comme *s'apercevoir*, *se railler*, *se moquer* &c. nos règles veulent que les êtres *moqués*, *raillés*, *aperçus*, ne paraissent point dans notre orthographe comme *moqués*, *raillés* &c. ; mais que ce soient ceux qui font les actions *railler*, *apercevoir*: ainsi l'on écrit *elles se sont moquées de vos avis*, *ils se sont aperçus de votre erreur*.

4.º Enfin si dans les verbes actifs, quelle qu'en soit l'espèce, le participe doit s'accorder dans certains cas, ce n'est que d'après une convention arbitraire , et qui n'a pas le moindre fondement raisonnable. Si les premiers grammairiens ou les premiers auteurs qui ont imaginé de se singulariser par cette concordance ridicule , avaient bien réfléchi sur la nature du participe quand il s'idéntifie avec quelque auxiliaire ils n'auraient vu et reconnu en lui qu'un substantif verbal , destiné uniquement à peindre l'action du verbe comme passée ; et non pas un adjectif susceptible de s'accorder. Pourquoi encore faut-il le considérer comme adjectif quand le régime précède et non pas quand il le suit : c'est encore là un nouveau caprice ; aumoins auraient-ils dû se décider tout à fait ou pour l'un ou pour l'autre, mais non et voyez pourtant quelle bizarrerie , au moins, pour un étranger : il faut écrire

Je me suis imposé une loi, et je l'ai suivie

J'ai suivi la loi, que je m'étais imposée.

pourquoi ne pas écrire dans les deux cas *imposée*, *suivie*, comme le font quelquefois les Italiens, puisque dans l'une et l'autre phrase la loi est représentée comme imposée et suivie ; ou plutôt, puisque l'ensemble de *J'ai suivi*, ou de *Je me suis imposé*, forme un verbe composé ne serait-il pas plus raisonablement d'écrire comme le font les Espagnols , *imposé*, *suivi*.

B 2

Que-

Quelles que soient les raisons qu'on peut alléguer en faveur de l'accord du participe, elles sont du plus faible poids, et en plusieurs cas elles sont absurdes, inconséquentes et contraires à la pensée, je parle seulement de l'accord des participes dans les verbes actifs. Examinons en un exemple commun à tous les verbes que dans les réflexions suivantes je place dans la seconde classe.

Qu'est-ce que c'est qu'une personne aimée? c'est sans doute celle qu'on aime encore, celle qu'on peut citer et représenter dans le discours avec cet attribut. Maintenant quelle est celle qu'on n'aime plus? c'est sûrement celle qu'on ne peut représenter dans le discours comme aimée actuellement. Pourquoi donc en parlant d'une femme ecrit-on *Je l'ai aimée mais je ne l'aime plus*. Pense-t-on à l'inconséquence que l'on commet avec cette manière d'écrire : c'est comme si l'on disait *J'ai cette femme et elle est aimée*, *J'ai elle aimée* : ma manière d'écrire est en contradiction avec ma pensée. J'énonce que mon action de l'aimer a cessé, j'affirme qu'elle n'est point aimée, et cependant je la représente comme *aimée*. Enfin je veux affirmer que mon action d'aimer a cessé; ce mot aimé destiné à représenter cette action comme passée doit paraître sous la marque du substantif verbal, et non sous la forme de l'adjectif. Je ne dois pas écrire: *J'ai elle aimée* puisqu'elle est peut-être haïe, mais *Je l'ai aimé*, ce qui voudra dire *J'ai comme cessée comme finie l'action de l'aimer*.

Je vous ai fait toutes ces observations pour vous prouver que le participe n'a pas autant qu'on le croit la propriété de l'adjectif, on ne devrait à la rigueur accorder le participe que quand il se trouve employé comme attribut, c'est-à-dire, comme adjectif, et l'on ne devrait reconnaître comme participe que celui qui peut se joindre à un substantif comme un adjectif ordinaire.

Tels sont les mots qu'il a plu aux anciens Grammairiens de nommer *participes*. Si je me suis un peu étendu sur l'absurdité de ses accords en divers cas c'est pour vous démontrer que ce mot n'est point aussi adjectif verbal qu'ils l'ont cru, et que toutes les fois que joint à un verbe il concourt à former un tems composé, en s'identifiant avec cet auxiliaire, il forme une partie du verbe, ou pour mieux dire un vrai verbe dans l'analyse duquel l'esprit le plus examinateur ne reconnaît qu'un substantif verbal abstrait, destiné uniquement alors à nous peindre comme passée l'action du verbe.

On ne devrai à la rigueur reconnaître pour participe que celui qui peut être joint à un substantif comme un adjectif ordinaire. Tels seraient *fait, cultivé, dessiné, composé* &c. et l'on dirait de tels mots sont participes parce que dans le discours ils peuvent paraître tantôt comme ver-

bes

bes ou parties de verbe. *J'ai fait, il aurait cultivé, vous avez dessiné* &c. et tantôt de purs adjectifs *un ouvrage bien fait, des terres mal cultivées. Portraits dessinés* &c.

Cependant conformons-nous aux conventions reçues ; nommons participe celui qui ne l'est véritablement point aussi bien que celui qui l'est réellement, et pour voir par quel mécanisme les participes ont concouru insensiblement à la formation des tems composés des verbes, faisons les réflexions suivantes. Par certains verbes nous exprimons des actions qu'on pourrait en quelque sorte nommer *actions physiques*, elles tombent sous les sens ; elles sont passageres, c'est-à-dire, assujeties à une certaine mesure de tems et elles sont susceptibles d'être répétées : tels sont *écrire, prendre, dîner, souper, bâtir, répendre, couper, cueillir* &c. Les verbes de cette espèce sont très-nombreux, et leurs participes ne peuvent paraître dans les discours qu'en supposant que l'action exprimée par le verbe dont ils dérivent est entièrement terminée, *une lettre écrite, une querelle apaisée, une chose arrangée, une maison bâtie*, suposent comme passées les actions *d'écrire, d'apaiser, d'arranger* &c. et tant qu'on est occupé à écrire la lettre, à bâtir la maison &c. on ne peut dire de cette lettre qu'elle est écrite ; de cette maison qu'elle est bâtie &c.

Telle est la source des tems composés, voilà pourquoi le verbe *avoir: J'ai, tu as, nous aurons, il avait* &c. qui avec un substantif marque un tems présent quelconque, indique conjointement avec le participe un tems passé du verbe d'où dérive le participe: *J'ai des livres, tu as du chagrin, il a un habit neuf.* Voilà des présents: *J'ai écrit ma lettre, tu as reçu réponse, il a dîné.* Voilà des tems passés, c'est comme si l'on disait alors : *J'ai, je possède comme terminées les actions d'écrire, de recevoir, de dîner*, d'où il résulte qu'un tems composé quel qu'il soit, doit essentiellement indiquer un tems passé, non pas par la force de l'auxiliaire, mais par celle du participe, dans ces cas le verbe *avoir*, ne réveille en nous que faiblement, ou pour mieux dire, il ne réveille plus du tout l'idée de son sens primitif de *posséder*, parce que notre esprit se trouve entièrement occupé du sens présenté par le participe, et que ce dernier sens absorve en nous le premier : ainsi quand on trouve dans le discours: *J'ai reconnu, il avait trouvé, nous eûmes entendu, il aura dîné* &c. On ne reconnaît point dans ces phrases le verbe principal, ce verbe n'affecte nullement notre imagination, on n'y voit que les verbes *reconnaître, trouver, entendre, dîner* à divers tems composés, et c'est pour cette raison que ce verbe *avoir* employé de cette manière prend le nom d'auxiliaire comme pour avertir par ce nom qu'il aide à compléter toutes les manières d'employer le verbe.

Tous les tems simples *d'avoir* siuvis d'un participe, c'est-à-dire, em-
plo-

ployés comme auxiliaires, peuvent donc former dans le verbe conjugué une espèce de second verbe destinée dans toute son étendue à représenter l'action comme passée, et dont les divers tems sont nommés *tems composés* parce qu'ils sont toujours formés de deux mots.

Comme les verbes qui expriment des actions passagères, de ces actions dont on voit d'une manière certaine le commencement et la fin, peuvent se trouver dans le discours avec d'autres verbes de la même espèce, et que dans plusieurs circonstances l'esprit désire peindre l'action passée, qu'ils expriment dans le moment précis de la fin, et non pas dans toute l'étendue temporelle de toute sa durée, on a imaginé pour rendre ce nouveau point de vûe de se servir du même verbe *avoir* dans ses tems composés *J'ai eu, j'avais eu, j'aurai eu* &c. que l'on fait suivre du participe de ce verbe dont on veut peindre l'action dans l'instant de sa fin, *à peine avez-vous eu détourné les yeux de dessus lui, qu'il a disparu. Il sera sûrement parti dès qu'il aura eu dîné. Il est occupé à terminer ses affaires les plus pressantes, et il serait déjà parti s'il les avait eues terminées.* On peut appeler ces tems *surcomposés*, parce qu'ils ne sont pas composés d'un participe et de l'auxiliaire *avoir* mais qu'ils le sont même des tems composés *d'avoir* et participe du verbe employé.

Il y a entre les tems composés et surcomposés cette différence que les premiers, représentent purement les actions comme passées, et que les seconds, en nous les dépeignant comme passées, nous indiquent que leur fin a un rapport de tems avec d'autres actions qui succèdent immédiatement : *il a dîné et il a sorti,* ces deux affirmations représentent seulement les actions de *dîner* et de *sortir* comme passées ; elles ne font point connaître si entre l'action de *dîner et celle de sortir* il y a eu ou non d'autres actions ; mais que je dise *il est sorti dès qu'il a eu dîné,* c'est un point de vue bien différent : dans cette nouvelle construction, je donne à entendre non seulement que l'action de *dîner est passée,* et que c'est une chose supposée ; c'est comme si je disais, vous savez *qu'il a dîné* ; mais que la fin de cette action, comme passée, a été immédiatement suivie d'une autre action, c'est comme si l'on disait, *vous connaissez qu'il a dîné, eh bien, dès qu'il a possède, dès qu'il a eu la fin de cette action, il a fait celle de sortir.*

Nos anciens Grammairiens n'ont jamais rien dit de ces tems surcomposés, et les modernes qui en ont parlé ne les ont point placés dans leurs modèles de conjugaisons, je crois que les premiers n'y ont jamais pensé, et que les seconds y ont mal réfléchi, ceux-ci ont sans doute essayé d'adopter ces tems surcomposés *à toute sorte de verbe,* comme *aimer, estimer, haïr* &c. et ayant vu que *il a eu aimé, estimé, haï,*

ava-

avaient très mauvaise grâce ils en ont conclu que l'usage de ces tems était rare, et qu'on ne devrait point en faire mention; mais ils auraient dû reconnaître que les verbes destinés à représenter des actions palpables, et assujéties à une mesure fixe de tems étaient les seuls qui adoptassent ces tems surcomposés, ils auraient donc pu en donner un modèle dans un verbe de cette dernière espèce.

Tous les tems composés *d'avoir*, comme *J'ai eu, j'avais eu, j'aurai eu* &c. Joints comme auxiliaires à un participe des verbes de cette dernière espèce, peuvent donc concourir à former dans le verbe conjugué une troisième espèce de verbe, de façon qu'alors il y a trois sortes de tems qui le correspondént, comme *J'écrire, j'ai écrit, j'ai eu écrit*.

Il y a d'autres verbes qui expriment des opérations, des affections de l'âme ; ces sortes d'actions, comparées à celles dont je viens de parler peuvent être considérées comme spirituelles: quoique passagères, elles sont plus durables, et l'on ne peut d'une manière fixe et précise en distinguer, en marquer le commencement et la cessation. Telles sont *aimer, haïr, ambitionner, croire, juger, pouvoir* &c.

Les participes de ceux de ses verbes qui sont actifs étant joints à un substantif ne font pas entendre comme ceux de la première espèce que l'action exprimée par le verbe dont ils dérivent soit terminée et qu'elle a cessé ; au contraire, elle affirme implicitement que cette opération sentimentale dure encore.

Des hommes estimés sont des hommes qu'on *estime encore, des honneurs ambitionnés* sont des honneurs qu'*on ambitionne encore*, aujourd'hui : *des faits crus*, sont des faits auxquels on ajoute encore foi : enfin, on ne peut dire d'un homme qu'on a estimé pendant quelque tems, mais qu'on n'estime plus, que c'est un homme estimé.

Ces réflexions paraissent démontrer que ce ne sont point les participes de ces verbes qui ont donné naissance aux tems composés, cependant, peut-être par pure imitation, les verbes de cette espèce ont reçu par l'usage les tems composés : ces tems sont alors destinés uniquement à affirmer que cette opération sentimentale a cessé ; et il est impossible, d'après cela, que le participe de ces tems composés puisse être regardé comme attribut, puisqu'il ne paraît point dans le discours pour donner une qualité, une modification, mais plutôt pour l'ôter ; dans ces phrases, *J'ai bien aimé cette personne, mais je ne l'aime plus, aimé* ne vient pas ici pour représenter cette personne comme *aimée*, mais seulement et uniquement pour marquer que cette affection a cessé.

Il y a des verbes qui expriment des propriétés ou attributs essentiels comme quand on dit de la vertu, qu'elle honore ; du vice, du libertinage, qu'ils avilissent; du despotisme, qu'il dégrade l'humanité; du

vin,

vin, qu'il enivre ; du feu, qu'il brûle ; de l'or ou du plomb, qu'ils pesent plus que le fer &c. de telles affirmations, représentant des choses essentiellement immuables, ne devraient point à la rigueur pouvoir être considérées dans des tems passés et ce qu'elles énoncent ne pouvant jamais être vu comme ayant cessé d'exister, les verbes qui les expriment ne devraient point avoir de participes. On ne peut en effet dire avec vérité que l'or a autrefois pesé plus que le bois ; que le vin a enivré pendant un tems, mais qu'il n'enivre plus &c. Cependant pour seconder toutes les vues de l'esprit, et pour se prêter à tous les jeux de l'imagination, l'usage ne refuse point les tems composés à ces sortes de verbes, lors même qu'ils s'emploient dans leur sens rigoureux et primitif, à bien plus forte raison, quand ils s'emploient dans tout autre sens.

Enfin il y a des verbes qui expriment des actions desquelles il résulte pour le sujet qui les produit un état, une situation ou enfin une manière quelconque d'exister tout-à-fait différente de celle qu'il avait avant qu'il eût produit cette action : tels sont *naître, croître, grandir, vieillir, décéder, mourir, sortir, entrer, ressortir, rentrer, tomber, monter, descendre* &c. &c. réfléchissez sur la valeur de chacun de ces verbes et vous vous convaincrez que les actions qu'ils énoncent supposent nécessairement dans le sujet, le passage d'un état, d'un lieu, d'une position à un autre état, à un autre lieu, à une autre position, à une autre manière d'exister. Voyons-en un exemple ou deux : L'homme qui n'a point encore fait l'action de mourir est dans un état dont on le qualifie par l'attribut *vivant* ; il meurt et par cette action il quitte cette manière d'être, il passe à une autre, qu'on énonce par l'attribut *mort*, mourir est donc dans l'homme et dans tout être sujet à la mort, le passage de l'état de *vivant* à celui de *mort*. *Tomber* est dans l'être le passage de l'état, qu'on énonce par les expressions *debout, assis, en place, posé, placé, attaché* &c. à un autre état qu'on exprime par l'attribut *tombé* ; et ainsi des autres.

Les participes de ces verbes *né, crû, grandi, vieilli, mort, tombé, entré* &c. joints à des substantifs, doivent donc dans l'analyse du discours être considérés comme de vrais attributs ou adjectifs verbaux destinés à deux choses : la première à supposer nécessairement de l'être au nom duquel on les ajoute, qu'il a fait les actions dont a résulté l'état sous lequel on le considère actuellement ; ainsi on ne peut dire : *un homme entré, sorti, mort, parti*, sans donner à entendre que cet homme a antérieurement fait les actions d'*entrer, sortir, mourir* &c. ; la seconde, à nous représenter comme encore existants les états résultant de ces actions antérieures. Ainsi on ne peut dire *un homme sorti, entré, parti, tombé* sans représenter à notre esprit ces divers états comme actuels : et

de

de même qu'on ne peut dire, *homme malade*, de celui qui se porte bien;
homme pauvre, de celui qui est riche; de même on ne peut dire, *homme sorti*, *tombé*, de celui qui est rentré chez lui; de celui qui est debout, *homme revenu*, de celui qui est encore absent &c.

Quand les participes de ces verbes s'ajoutent ainsi à des substantifs,
on les nomme participes neutres, par opposition aux autres participes
qui peuvent s'y ajouter, et qu'on nomme participes passifs, et voici en
quoi consiste leur différence; *l'homme né*, *mort* ou *revenu*, à lui même
fait les actions de *naître*, *mourir*, *renaître*, au lieu que *l'homme loué*,
vaincu, *désapprouvé*, n'est point celui qui a loué, vaincu, désapprouvé, mais il est alors représenté comme l'objet passif de ces actions faites
par d'autres personnes.

Les participes de ces verbes peuvent donc par le moyen du verbe
copulatif *être* s'affirmer comme de vrais attributs du sujet de la proposition, pendant tout le tems, et seulement dans le tems que dure l'état
ou la situation qui résulte de l'action: ainsi tant qu'un homme est étendu dans le lieu de sa chute; tant qu'il est hors de chez lui; qu'il n'est
point de retour d'un voyage &c. on peut dire de lui: *il est tombé*, *il
est sorti*, *il est allé*, *il est parti* comme on dirait de lui: *il est couché*, *il est malade*, *il est convalescent*, *il est bien portant*, pendant
qu'il se trouverait dans les états exprimés par ces derniers adjectifs ou
participes.

Dans les tems que la langue française abandonnée au seul instinct sa-
ge et naturel du peuple se choisissait et se formait ses idiotismes, il fut
assez ordinaire d'employer ces adjectifs verbaux avec *être* toutes les fois
qu'on voulait représenter comme actuels les divers états résultants de
l'action. Ainsi on a dit souvent *elle est descendue*, *il est rentrée*, *elle
était tombée et étendue sur le plancher* &c. Mais lorsque l'être dont on
affirmait, avait par une action contraire, détruit et fait cesser l'état représenté par ces participes: par exemple lorsqu'en remontant il cessait
d'être descendu; lorsqu'en rentrant, il n'était plus sorti; lorsqu' après
s'être relevé, il n'était plus tombé &c. &c. Enfin lorsqu'on voulait simplement représenter les actions exprimées par ces verbes comme passées, quand on destinait ces verbes uniquement à peindre des actions,
sans faire aucune attention aux états divers, qui en avaient résulté pour
le sujet, on a dû les conjuguer avec avoir comme les autres verbes ordinaires. Ainsi il a été permis de dire autrefois comme on le fait encore
aujourd'hui malgré soi, même parmi le peuple instruit et bien élevé.

Votre habit est plein de boue, est-ce que vous avez tombé, ou
avez-vous sorti de chez vous aujourd'hui

à voir tout ce dérangement je suis sûr que quelqu'un a entré ici.

<table>
<tr><td></td><td>C</td><td>*II*</td></tr>
</table>

Il y a une heure que tu devrais être revenu, où as-tu resté si long tems?
N'auriez-vous pas desvendu ce matin dans le jardin.
Dites moi si Mr. a monté là haut dans la matinée.
Plusieurs fois il a passé devant ma porte sans daigner entrer.

&c. &c. &c.

Cependant entre ces verbes il y en a quelques-uns qui jamais ne se sont employés avec *avoir*; ce sont ceux dont les participes expriment un état permanent, ou indestructible, tels sont *naître*, *décéder*, *mourir*. Ces actions ne peuvent se répéter; et une fois qu'on est mort, décédé, c'est pour toujours. L'usage français n'a jamais permis de dire comme on le fait en espagnol *j'ai né*, *elle a mort*.

A cette exception près, je crois que les Grammairiens français auraient toujours dû permettre de conjuguer ces sortes de verbes avec *avoir* toutes les fois qu'on le jugerait à propos et dans le sens que j'ai expliqué : je ne vois rien en même tems de plus naturel et de plus conforme à la vérité de l'expression. C'est ainsi que l'a toujours inspiré et que l'inspire encore fortement aujourd'hui cet instinct populaire qui, dans la formation des langues, sait toujours mieux choisir que toutes les suggestions étrangères du pedantisme : celles-ci sont souvent absurdes, bizarres, irréfléchies. Certains auteurs de l'ancien tems, préférant aux lois du bon sens celles du bon ton et de la singularité, et trouvant quelque chose de beau, de merveilleux, de scientifique, dans l'emploi exclusif du verbe *être* avec ces sortes de participes, ont d'abord regardé comme une faute vulgaire de les employer en aucun cas avec *avoir*. Des Grammairiens sont venus ensuite; et, loin d'éclairer la nation en fesant sentir la différence qu'il y avait entre les deux expressions, loin de démontrer que toutes deux étaient permises, et indiquer les cas où l'on devrait préférer l'une à l'autre, ils ont bonnement suivi le torrent et ont décidé que l'emploi du verbe *être* avec ces participes serait désormais la marque à laquelle on reconnaitrait les gens d'étude, de science et d'instruction. Les modernes font plus : ils traitent de *barbare* l'expression la plus vraie, la plus naturelle, la plus conforme à la pensée, et j'ose même dire la plus universellement adoptée, malgré leurs décisions que jamais le peuple ne suivra quand elles seront contraires à la saine raison et à la logique du discours. Mais je suis assuré qu'ils parlent tous contre l'impulsion de leur propre cœur; je suis sûr qu'ils sentent eux mêmes à chaque instant, et malgré l'habitude qu'ils se sont formée, que de telles expressions démentent la pensée; enfin, je suis persuadé qu'il leur a fallu, et qu'il leur faut encore la plus grande attention sur eux-mêmes pour se déshabituer de dire, en certaines occasions, *vous avez sorti, vous avez tombé, a-t-il passé chez vous, vous avez resté bien long-*

tems

tems &c. &c. Malgré tout cela leurs règles irréfléchies veulent nous forcer à dire de l'homme rentré chez lui *il est sorti* ; de celui qui est sorti
d'une maison, *il est entré dans cette maison* ; de celui qui s'est relevé
de sa chute, *il est tombé* ; d'une dame revenue du marché, *elle est res-
tée au marché*, et ainsi des autres verbes.

De tels hommes ont donc en même tems méconnu la force du verbe *être* et la valeur de ces participes. Dans toutes les langues ce verbe
est spécialement destiné à lier un attribut au sujet ; il sert à prononcer
l'identité que nous avons reconnu exister entre l'attribut et le sujet :
quand mon esprit me dira cet homme est bon, ma langue prononcera
il est bon ; jamais je ne dirai de l'homme que je sais malade, *il est bien
portant* ; de celui que je sais mort, *il est vivant* &c. Pourquoi donc
veulent-ils forcer le peuple à mentir en disant, *il est entré*, *il est tombé*, *il est monté* &c. quand il sait que cela est faux ; et comme ces participes, joints immédiatement à des substantifs, marquent essentiellement
un état actuel, comment prétendent-ils que, joints à ces mêmes sujets
par le moyen du verbe *être* qu'ils nomment *verbe lien*, ils nous peignent alors exclusivement l'action comme passée et l'état comme ayant
cessé. Dire : *Pierre est descendu*, pour exprimer uniquement que cette
action a eu lieu et que ce Garçon est remonté dans sa chambre, c'est
former un assemblage aussi monstrueux que de dire, *Pierre est couché*,
pour exprimer qu'il a fait l'action de se coucher, mais, qu'il s'est relevé.

Le verbe *avoir* n'est-il pas alors l'auxiliaire qui convient exclusivement *il a sorti*, *il a monté* &c. Voilà des expressions qui nous peignent
d'une manière parfaite et précise deux choses : 1.º que ces actions ont
eu lieu antérieurement : 2.º que les états passagers qui pouvaient résul-
ter de ces actions pour le sujet, ont cessé également d'exister. *Il est
sorti*, *il est monté* en voilà d'autres qui m'indiquent les actions comme
passées ; mais qui en même tems me peignent comme actuels les états
resultants des actions ; enfin elles supposent qu'ils ne sont pas encore dé-
truits par une action contraire.

Enfin je le prédis, jamais le bon sens, ni l'usage naturel ne permet-
tront de considérer le verbe *être*, joint à ces sortes de participes comme un auxiliaire destiné à les conjuguer dans leurs tems composés : ces
verbes n'ont comme les autres pour auxiliaire que le verbe *avoir*, et
quand dans le discours je vois, *Pierre est descendu*, je me garde bien
de dire que le verbe de la phrase est *descendre* à un tems composé ; je
dis que c'est le verbe copulatif, le verbe lien *être*, destiné ici à lier l'attribut verbal *descendu* au sujet *Pierre*.

C'est bien ici qu'un esprit sensé doit s'étonner du peu de réflexion
de nos Grammairiens. On sait que les autres français se sont toujours

pi-

piqués de donner à leur langue toute la clarté, la précision et la vérité possibles ; que plusieurs Grammairiens célèbres se sont, dans cette intention, appliqués à l'examen de la Synonymie, examen qu'ils ont poussé jusqu'au scrupule ; que l'abbé Girard dans les Synonymes, et Andry dans ses observations, ont fait sentir la grande différence qu'il y a entre *elle est allée* et *elle a été* ; que le premier de ces auteurs ordonne dans sa Grammaire de dire *Mr. est sorti*, s'il n'est pas de retour, *et Mr a sorti*, s'il est rentré : règle judicieuse approuvée par le silence de la contradiction, et même par la mention qu'en ont faite ceux, qui depuis lui, ont écrit sur cette matière ; mais qu'on n'a point étendue et appliquée aux autres verbes de la même espèce, sans qu'on en puisse citer aucune raison ; enfin, on sait que le peuple instruit est dans l'usage habituel de conjuguer ces verbes avec *avoir* toutes les fois qu'il le juge convenable à la pensée ; et l'on sens en outre que ces expressions diverses offrent des sens différents et nécessaires à préciser, et malgré des réclamations si puissantes, si nombreuses et si bien fondées, nos Grammairiens s'opiniâtrent encore à rejeter comme non française, comme barbare, une façon de parler qui n'est incorrecte que parce qu'il ne leur a pas encore plu d'y donner leur approbation ; quels motifs ont-ils pour la rejeter, ils n'en ont qu'un et sachons l'apprécier, le voici : les premiers feseurs de Grammaire l'ont condamnée ; (sans réfléchir sans doute à ce qu'ils fesaient) les bons auteurs se sont conformés à leurs décisions, il faut conséquemment la rejeter comme mauvaise.

Mais je dirai aux auteurs actuels : puisqu'on vous a jusqu'ici insinué que ces façons de parler étoient vicieuses, vous n'avez point mal fait de les éviter dans vos écrits : il est certaines expressions, certaines prétendues négligences que le style de la conversation permet, mais qu'on ne peut prendre dans un ouvrage qu'on veut rendre public. Car quelque éclairé et quelque savant que soit un auteur, il n'est pas toujours en état ou en humeur d'entrer dans une discussion grammaticale pour défendre sa manière d'écrire ; mais si à la suite vous trouvez mes réflexions justes et qu'il vous prenne envie de parler et d'écrire d'une maniere conforme à votre pensée, pourquoi balanceriez-vous de le faire : souvenez-vous que Racine, il y a bientôt deux siècles vous en a donné l'exemple, quand il a dit fort correctement selon moi :

> *ma langue embarrassée*
> *Dans ma bouche vingt fois ademeuré glacée.*

Ce Poëte sentait bien sans doute, que la langue d'un homme qui parle actuellement, n'est pas demeurée glacée.

Enfin, je dirai aux Grammairiens : le désir et le besoin de conformer la parole à la pensée sont deux choses nées avec l'homme, et fortement

gra-

gravées dans son cœur : toutes les fois donc que sa langue maternelle lui fournira et mettra à sa portée deux diverses manieres de s'exprimer ayant chacune une valeur et un sens bien différents l'un de l'autre, je vous prédis que, sans la moindre déférence pour vos suggestions, sans même cette réflexion qui accompagne le choix, il prendra toujours, et comme malgré lui, celle des deux qui répond le mieux à sa pensée. Il est donc désormais inutile de lutter contre un usage très raisonnable : il faut bien mûrement réfléchir avant de faire des règles grammaticales. Combien n'en a-t-on pas faites sur les quelles on revient tous les jours, parce que le peuple, ce souverain régulateur des langues, les rejette même sans le savoir ; c'est lui, et non les Grammairiens qui dirige puissamment le mécanisme et les divers procédés du discours et tous vos arrets, quelque solennels qu'ils soient, ne sont point capables de lui faire bannir, de l'usage, des expressions qu'il aura reçues et adoptées avec fondement et qu'il aura jugées nécessaires à l'énonciation précise de la pensée pour lui en faire adopter exclusivement d'autres qui sont, dans certains cas, fausses et mensongères.

Si je me suis un peu étendu sur cet article, c'est pour vous démontrer que le verbe *être*, avec ces sortes de participes, ne doit nullement être considéré comme auxiliaire de certains verbes neutres, ainsi qu'on le prétend ; et qu'employé avec eux, il conserve toute sa force de verbe copulatif, ou verbe *lien* : je l'ai fait également pour éclaircir vos doutes, et pour fixer votre maniere de penser sur l'emploi du verbe *avoir* avec ces sortes de verbes : car dans les premiers tems de votre séjour en France et même depuis vous m'avez dit que vous aviez très-souvent entendu les personnes, même les mieux élevées, dire contre les règles de la Grammaire, *vous avez tombé, est-ce que vous n'avez point sorti, comme vous avez resté longtems. Le rouge lui a d'abord monté au visage ensuite il a pali,* &c. &c.

Comme dans le présent article j'examine particulièrement quelle est la forme et la valeur du participe quand on le joint avec l'auxiliaire, je vais terminer par deux courtes observations : la premiere, sur nos verbes pronominaux ; la seconde, sur nos verbes passifs.

1.° Par quel singulier mécanisme se fait-il que le verbe *être* soit devenu exclusivement l'auxiliaire des verbes pronominaux ? Pourquoi ne dit-on pas en français comme on le fait en espagnol, avec tous les verbes pronominaux : *vous vous avez fait tort, je m'ai fait bien mal : nous nous avons bien amusé après nous avoir bien fatigués..*

Il paraît probable que cette maniere bizarre de conjuguer ces verbes a commencé par ceux des verbes pronominaux que nous nommons *actifs et réfléchis* tels que *se blesser, se fatiguer, se tuer, s'habiller,*

se

se nourrir &c. les verbes pronominaux de cette espèce sont nommés actifs parce qu'ils proviennent des verbes actifs *blesser quelqu'un*, *fatiguer quelqu'un* &c. et l'on ajoute *réfléchis* parce que cette action active qu'ils expriment est représentée comme *réfléchie*; c'est-à-dire, comme *repliée*, comme *renvoyée* vers et sur le sujet qui les produit, de façon que le sujet est alors représenté comme un être en même tems actif parce qu'il crée l'action; et passif, parce qu'il la souffre, il paraît donc que dans la naissance de la langue française on a voulu dire en même tems et dans une seule énonciation *Je ai blessé* et *Je suis blessé* ou si vous voulez *Je suis blessé* et c'est moi qui *ai blessé*. Des deux propositions on n'en a fait qu'une en disant *Je me suis blessé* c'est en effet comme si l'on eût voulu dire en même tems.

$$\left.\begin{array}{ll} Je & me \quad ai \\ Je & \quad suis \end{array}\right\} blessé.$$

Cette maniere de conjuguer ces verbes a donc quelque apparence de vérité ; mais cette vérité n'a lieu que pour les verbes pronominaux actifs et réfléchis : en effet retranchez le second pronom des verbes suivants, *Je me suis habillé*, *il s'est tué*, *nous nous sommes fatigués* &c. il restera autant de propositions vraies *Je suis habillé*, *il est tué*, *nous sommes fatigués*. Mais faites de même pour les autres verbes pronominaux et vous verrez qu'il n'y aura plus la moindre vérité dans vos phrases : *Je me suis acheté une collection de livres, elle s'est donné bien des peines.*

Quoi qu'il en soit cet usage s'est étendu à toutes les autres espèces de pronominaux d'où il résulte qu'on peut dire que le verbe *être* sert d'auxiliaire aux tems composés et que dans ces verbes il perd sa force, sa valeur première de verbe copulatif et qu'il n'a aux yeux de l'analyse que celle du verbe *avoir* parce qu'il les remplace *il s'est appliqué à l'étude, elle s'est exposée à la mort, vous vous êtes proposé de m'instruire* &c. de telles propositions valent celles-ci qui ne sont point d'usage : *il a appliqué lui même à l'étude, elle a exposé elle-même à la mort, vous avez proposé à vous même l'idée le projet d'instruire moi.*

2.º Nous n'avons point de verbes vraiment passifs, si ce n'est quelques verbes pronominaux que nous nommons pour cela pronominaux passifs ; pour exprimer cette voix que les latins et les grecs marquaient par des terminaisons particulières de leurs verbes, presque tous les peuples de l'Europe emploient le verbe *être* suivi d'un participe de verbe actif. C'est à dire que ce verbe *être* est alors destiné à affirmer du sujet un attribut passif, représenté par le participe du verbe actif comme *la vertu est honorée et respectée même par les méchants, et le vice est puni par le vice même* &c. cette simple réflexion suffit pour

dé-

détruire l'opinion de ceux qui pretendent que le verbe *être* est auxiliaire des verbes passifs. En effet on peut leur dire : 1.º dans les langues européennes il n'y a point de verbe passif et ce qui n'existe point ne peut avoir d'auxiliaire : 2.º les auxiliaires servent à former les tems composés ; et qui dit tems composés suppose des tems simples. Cette supposition donnerait donc à entendre que les verbes passifs français ont des tems simples et des tems composés , conséquence absurde et qui prouve la fausseté du principe d'où elle dérive. Disons tout uniment à ceux qui s'opiniâtrent à vouloir calquer tous les procédés des langues modernes sur ceux de la langue latine, que le verbe *lien être* dans toute son étendue , dans ses tems simples comme dans ses tems composés , étant suivi d'un participe qu'il affirme du sujet , offre dans son ensemble la périphrase d'un verbe passif , et que le verbe *être* n'y paraît point comme verbe auxiliaire , mais comme copulatif : ce qui se remarque plus particuliérement quand on joint en même tems des adjectifs et des participes à un sujet par le moyen de ce verbe comme lorsqu'on dit : *elle est belle et aimée , ils sont vertueux et estimés de tout le monde.*

DES TEMS.

Les tems sont dans les verbes ces parties diverses qui ont la propriété de faire rapporter l'action qu'ils expriment à un des tems, présent, passé ou futur. Ainsi que les modes , les tems reçoivent cette propriété par la manière dont ils sont formés ou terminés , ou simplement par celle de les employer. C'est ce qui se verra par la suite. Je vous préviens en même tems ici que je ne parle que des tems simples.

Quand on fait quelques réflexions sur la nature de chaque mode et sur la valeur diverse que l'usage a accordée à chacun des tems , on conçoit aisément comment il est possible que tel mode ait plus des trois tems généraux ; que tel autre en ait moins ; et enfin qu'un seul et même tems, en multipliant ses valeurs, supplée à d'autres tems que l'usage a refusés. Je vais d'abord examiner combien de tems chaque mode reçoit en notre langue. Pour me guider plus sûrement dans cet examen , je prendrai le verbe *pouvoir* , dont les irrégularités m'offrent des différences bien sensibles dans tous ses modes et ses tems.

TEMS DE L'INDICATIF.

Chaque tems de ce verbe qui me présentera une affirmation directe, positive , telle enfin qu'elle caractérise le mode indicatif sera censé appartenir à ce mode.

Quand

Quand je dis *Je puis* ou *je peux*, *je pouvais*, *je pus*, *je pourrai*, je reconnais que j'énonce des affirmations réelles et directes, je suis donc assuré que ces quatre tems simples avec leurs composés correspondants, constituent essentiellement l'indicatif.

Quel nom particulier leur donnerai-je à chacun? *je peux*, et ses semblables, *je ris*, *je travaille*, *je dors*, *je veille*, *je cours* &c. &c. m'énoncent une action présente, une chose qui a lieu au moment où je parle, je nommerai donc ce tems *présent*; et comme les autres modes peuvent aussi avoir des présents, pour distinguer celui-ci des autres, je le nommerai *présent de l'indicatif*.

Je ne vous dirai point comme il est terminé en français, parce que sa terminaison est susceptible d'une grande variété, comme vous pourrez le voir, surtout pour le singulier; vous pouvez seulement remarquer qu'au pluriel il est le plus souvent terminé, en *ons*, *ez*, *ent*. Ce même tems en votre langue est toujours terminé en *o* pour la première personne et en *as* ou *es* ou *is* pour la seconde et la troisieme, comme *hablo*, *hablas*, je parle, tu parles; *puedo*, *puedes*, je puis ou je peux, tu peux; *parto*, *partes*, je pars, tu pars. Vous n'avez d'exceptés de cette règle, pour la terminaison de la première personne, que *soy*, je suis; *voy*, je vas; *estoy*, je suis; *doy*, je donne; *sé*, je sais et *he* (auxiliaire) j'ai.

Je pouvais, et ses semblables des autres verbes, comme *j'écrivais*, *je sortais*, *je partais* &c. m'énoncent bien des actions passées; mais outre cette idée première et nécessaire, ils en présentent encore une autre: je ne peux dire: *je partais*, sans donner à entendre que cette action a eu lieu dans le même tems qu'une autre action passée également, avait lieu, comme: *au moment que vous arrivâtes je partais. Le Directoire était en place à l'époque de votre arrivée en France. Vous étiez à Paris, quand le premier Consul y fit son Entrée, après la bataille de Marengo.* On peut donc appeler ce tems *parfait* parce qu'il énonce une action pasée; et *simultané*, parce qu'il suppose toujours que l'action qu'il exprime a eu lieu lorsqu'une autre action citée était aussi présente. Cet adjectif *simultané* se dit des actions ou des choses qui se font dans le même tems. On donne encore à ce tems le nom d'*imparfait*, (et même c'est le nom que je lui donne moi-même, vu qu'il est le plus usité,) parce qu'il représente, dit-on, l'action comme commencée, mais comme non achevée, et imparfaite. Selon moi cette dénomination est incorrecte: car il n'y a guere de tems simple, qui, transportant notre imagination à des tems présents, passés ou futurs, ne nous peigne l'action qu'ils expriment, comme présente, et comme non écoulée, dans le moment auquel notre esprit les rapporte: *Mr. dîne ac-*
tue-

[25]

*tuellement ; pour cette heure-là , il sera occupé à écrire ; pendant tout
le tems qu'il parla , il régna un profond silence.* Voilà des actions re-
présentées comme non achevées relativement aux tems exprimés.

Ce tems est sans exception terminé en français en *ois* pour ceux
qui suivent l'ancienne orthographe , ou en *ais* pour ceux qui suivent la
moderne : dans votre langue , il est toujours terminé en *aba , abas*, pour
la première conjugaison ; et en *ia , ias* , pour les autres ; le seul irrégulier *ir, allér*, fait à l'imparfait *iba , ibas , j'allais , tu allais.*

Je pus , tu pus , et les tems semblables , *je portai , tu portas ; je promis , tu promis ; je vins , tu vins* &c. mais représentent des actions passées relativement au tems où nous parlons ; mais vues comme présentes
dans un tems passé et désigné. *Il écrivit hier toute la matinée* , ici l'action d'écrire est entiérement passée ; mais mon imagination se porte au
tems d'hier , et j'y vois comme présente l'action d'écrire dans toute la
durée. Ce tems est spécialement destiné au style historique qui consiste
à narrer , rapporter méthodiquement , et selon leur ordre successif , plusieurs faits particuliers , qui , se succédant et étant liés les uns aux autres,
ont concouru à former un ensemble de faits ou un résultat qu'on nomme histoire, aventure , conte , historiette , fable &c. Nos Grammairiens
l'ont nommé *parfait défini* , parce qu'il ne s'emploie , disent-ils , que
pour un tems désigné , comme , défini , et entiérement écoulé ; ainsi selon eux , on ne peut l'employer avec ces expressions : *ce mois-ci, cette
semaine-ci, cette année-ci* ; et l'académie ancienne a décidé qu'on ne
pouvait l'employer pour rapporter un événement , une aventure &c. à
moins qu'entre le fait et le récit , il ne se soit passé une nuit. Une pa-
reille décision vous fera rire , vous qui êtes étranger , vous qui dans votre langue employez ce parfait , toutes les fois que ce que vous racontez
est de nature à exiger le ton historique , et sans attendre qu'une nuit
intermédiaire vous autorise à parler comme le bon sens et la nature vous
inspirent de le faire. Au reste , comme le peuple s'accoutume assez à ce
qui est naturel , je ne vois point que ses oreilles soient choquées des li-
cences multipliées qu'on se permet tous les jours contre cette règle ; et
d'excellents Grammairiens même ont trouvé bons et ont justifié ces vers,

Le flot qui l'apporta recule épouvanté (Racine)
Comme il sonna la charge il sonne la victoire (Lafontaine).

Dans votre langue ce parfait historique est facile à reconnaître , particulièrement par la seconde personne toujours terminée en *ste* , soit
que la première soit terminée en *é* ou en *i : fui, fuiste , je fus , tu fus;
llevé, llevaste , je portai , tu portas ; tomí , temiste , je craignis , tu
craignis ; vine, veniste , je vins , tu vins* , et par les exemples français

D

que

que je viens de vous citer vous devez, voir qu'il a quatre terminaisons. Les verbes dont l'infinitif est en *er*, ont la première personne de ce tems en *ai* et la seconde en *as* ; ceux en *enir*, comme *venir*, *tenir*, les ont toutes les deux en *ins* et les autres verbes les ont en *is* ou en *us*,

---

Je pourrai, *tu pourras*, ainsi que les terminaisons semblables des autres verbes comme *je serai*, *tu seras* ; *je viendrai*, *tu viendras* ; *je souperai*, *tu souperas*, &c. nous dépeignent l'action comme devant avoir lieu dans un tems à venir : voilà pourquoi nous le nommons *futur*.

En espagnol il est invariablement terminé en *ré*, *rá*, *rás*, et en français il l'est toujours en *rai*, *ras*, *ra*, et la prononciation du futur singulier est absolument la même dans les deux langues, excepté que le *s* de la seconde personne est presque toujours muet, et que quand il se prononce il a le son du *z*.

Je dois ici vous dire que tout verbe français terminé en *ai*, se prononce comme s'il l'était par *é*; ainsi prononcez, *j'ai vu*, *j'aimai*, *je serai*, *j'aurai été* comme s'il y avait, *jé vu*, *j'aimé*, *je seré*, *j'auré été* &c.

On peut donc représenter comme il suit, l'indicatif d'un verbe français dans les tems simples. Je placerai l'espagnol à côté,

TEMS DE L'INDICATIF.

PRÉSENT.

Yo puedo,	Je peux *ou* je puis,
tú puedes,	tu peux,
aquel puede,	il peut,
nosotros podemos,	nous pouvons,
vosotros podeis,	vous pouvez,
aquellos pueden.	ils peuvent.

IMPARFAIT.

Podia,	Je pouvais,
podias,	tu pouvais,
podia,	il pouvait,
podiamos,	nous pouvions,
podiais,	vous pouviez,
podian.	ils pouvaient.

PARFAIT HISTORIQUE.

Pude,	Je pus,
pudiste,	tu pus,
pudo,	il put,
pudimos,	nous pûmes,
pudisteis,	vous pûtes,
pudieron.	ils purent.

FUTUR.

Podré,	Je pourrai,
podrás,	tu pourras,
podrá,	il pourra,
podrémos,	nous pourrons,
podréis,	vous pourrez,
podrán.	ils pourront.

TEMS

TEMS DU CONDITIONNEL.

Comme ce mode est destiné à nous représenter, ou une hypothèse, ou une conséquence tirée de cette hypothèse, si nous voulons déterminer combien de tems il a, il suffira de voir par combien de terminaisons, ou de tems différens, l'une et l'autre peuvent être exprimées.

Avant d'entrer en cet examen, je vous prie de réfléchir que je ne parle ici que des hypothèses et des conséquences qui caractérisent le mode conditionnel: en effet, il y a des hypothèses et des conséquences qui s'expriment par l'indicatif et par le subjonctif même, et qui n'appartiennent point au mode conditionnel, parce qu'elles sont d'une nature différente.

Exemple : *Si le premier Consul a été informé de ce propos, et qu'il en ait ressenti quelque humeur, il ne manquera pas de le faire connaître. Si l'aventure est comme en Espagne et qu'on y fasse un peu d'attention, elle doit nécessairement faire rire.*

De telles hypothèses énoncent des choses possibles, et regardées seulement comme incertaines ; au lieu que celles dont il est question ; supposent comme existant ce qu'on connaît ne point exister réellement. Voilà pourquoi on nomme les premières *hypothèses possibles*, et les dernières, *hypothèses gratuites.* C'est sur celles-ci que nous devons nous appuyer pour savoir combien de tems peut donner le conditionnel français.

Je reconnais d'abord, quant aux propositions que j'ai nommées *suppositives*, qu'elles peuvent être exprimées par trois sortes de tems, terminés l'un en *ais*, l'autre en *rais*, et le troisième en *sse* : pour éviter les longueurs je désignerai désormais par *sse*, la terminaison *asse, iusse, isse, usse.*

EXEMPLE.

PROPOSITIONS SUPPOSITIVES.	ID. CONSÉQUENTES.
Si je le pouvais, *et que je ne le voulusse pas*	} *que diriez-*
Si je ne le voulais pas, et que je le pusse	} *vous?*
Supposé que je le { voudrais } *ou que je le* { voulusse...	} *que feriez-*
pourrais } { pusse......	} *vous?*
quand même je le voudrais *et que vous le* voulussiez	{ *le ferions-*
quand même je le pourrais *et que vous le* pussiez.....	{ *nous?*

Ces terminaisons, *pouvais, voulais, pourrais, voudrais, pusse, voulusse*, précédées de conjonctions ou d'expressions conditionnelles, peu-

vent

vent servir à enoncer des suppositives, comme on le voit ; elles font donc partie du mode conditionnel.

Je remarque ensuite que les conséquentes conditionnelles peuvent être rendues par les deux terminaisons *rais* et *sse* et jamais par celle *ais*.

Il n'est point d'homme, quelque soit son mérite, qui ne serait ou qui ne fût très mortifié — s'il savait tout ce qu'on pense de lui.

Si j'étais marié — je vois peu d'hommes dont je voudrais ou dont je voulusse être le père ; et peu de femmes dont je voudrait ou dont je voulusse être le mari.

Quel est l'homme qui n'aimerait ou qui n'aimât mieux — s'il en avait le choix — vivre heureux, mais pauvre, que riche et déshonoré ?

Cet examen prouve que les propositions conditionnelles, soit suppositives, soit conséquentes, peuvent être exprimées par trois tems, *ais*, *rais* et *sse*.

Quoique la suppositive puisse en français être exprimée par toutes les trois et que la conséquente puisse l'être par deux, n'allez par croire pour cela que vous puissiez indifféremment les employer l'une pour l'autre : il y a pour leur emploi, des règles, qui sont un peu nombreuses et qui font partie de la Syntaxe française. C'est vous dire qu'elles ne font point partie du sujet que je traite. Ainsi dispensez-moi d'en parler ici.

Les tems, qui dans votre langue correspondent aux divers conditionnels français, ont comme eux trois terminaisons dont le juste emploi, quoique plus libre, n'est pas moins difficile pour un étranger que celui des nôtres : ces terminaisons sont *ra*, *ria*, *se*. Pour en voir une application dans des phrases conditionnelles, je vais imaginer que je veux traduire en espagnol ce qui suit :

Si je pouvais vous voir, ou que je pusse vous écrire, alors je pourrais vous faire part de mon projet.

Quoique votre langue vous permette d'employer pour ces trois propositions conditionnelles plusieurs combinaisons, ou avec les trois terminaisons, ou simplement avec deux, je suppose, pour un moment, que je ne peux traduire autrement que comme il suit :

Si yo pudiera ver á Vm.. ó si pudiese escribirle, entonces podria participarle mi proyecto.

Cette supposition faite, je me permettrai de représenter le mode conditionnel français comme il suit :

Con-

Conditionnel Espagnol. Conditionnel Français.

Si	yo pudiera	ó que	pudiese	entonces	podria	Si	je pouvais	ou que	je pusse	alors	je pourrais
	tú pudieras		pudieses		podrias		tu pouvais		tu pusses		tu pourrais
	aquel pudiera		pudiese		podria		il pouvait		il pût		il pourrait
	nosotros pudiéramos		pudiésemos		podriamos		nous pouvions		n. pussions		n. pourrions
	vosotros pudierais		pudieseis		podriais		vous pouviez		v. pussiez		v. pourriez
	aquellos pudieran		pudiesen		podrian.		ils pouvaient		ils pussent		ils pourraient.

TEMS DU SUBJONCTIF.

Croyez-vous que je puisse ; *avez-vous pensé que je* pusse ; *s'est-il imaginé que je* pourrais ; ces trois terminaisons *puisse* , *pusse* , *pourrais* , les deux dernieres étant employées comme elles le sont ici, ces trois terminaisons , dis-je, aussi bien que leurs semblables dans les autres verbes, *je sache* , *je susse* , *je saurais* , *je doive* , *je dusse* , *je devrais* , *je vienne* , *je vinsse* , *je viendrais* &c. énoncent des affirmations douteuses, indirectes , telles enfin qu'elles caractérisent le mode que nous avons nommé *subjonctif*.

Je ne vois en français que trois tems pour exprimer ce mode, *puisse* , *pusse* , *pourrais* , mais votre langue est plus riche : vous en avez, à ce qui paraît cinq : *pueda* , ensuite vos trois terminaisons *ra* , *ria* , *se* , qui s'emploient aussi, dans bien des cas, non pas comme tems du conditionnel, mais comme tems du subjonctif; et enfin votre futur *pudiere*.

Ces trois terminaisons, *puisse* , *pusse* , *pourrais* , considérées sous le rapport du tems qu'elles expriment, n'ont point une valeur fixe , elles en ont une qui n'est que relative et qui dépend toujours ou de la manière de les employer, ou des verbes qui les précedent , ou des expressions de tems qui les accompagnent. On peut seulement dire que toutes trois valent tantôt un présent, et tantôt un futur ; et que souvent celle-ci , *je pusse* , vaut un passé simultané ; et que celle en *rais* , vaut souvent par elle-même un futur : quelques exemples vont éclaircir cela.

Croit-il par hazard que je puisse partir à présent?

Cree acaso que yo pueda partir ahora?

Puisse et *pueda* indiquent ici un présent parce que dans la phrase il y a *à présent* , et *ahora* ; si je supprime ces deux expressions adverbiales et que je les remplace par d'autres qui marquent un futur, comme *demain* , *dans deux jours* , *le mois prochain* &c. alors ces deux mêmes tems énonceront un futur.

Quoique ce tems veuille tantôt un présent et tantôt un futur , ou peut lui donner seulement le nom de *présent du subjonctif*.

Dans tous nos verbes français , excepté *être* et *avoir* , ce présent est terminé comme il suit : *e, es, e, ions, iez, ent,* et dans les votres, sans exception, ils le sont ou en *e, es, e, emos, eis, en* pour tous les verbes de la première conjugaison, ou en *a, as, a, amos, ais, an,* pour tous les autres.

A-t-il pensé que je pusse, *ou que je* pourrais *le suivre actuellement?*

Ha pensado que yo pudiera, *podria ó* pudiese *seguirlo ahora?*

Dans ces phrases nos deux terminaisons *sse* et *rais* aussi bien que les trois votres , valent des présents ; et elles vaudront des futurs si au lieu *d'actuellement* , je me sers d'expressions adverbiales qui marquent un tems futur comme *demain, bientôt , dans un mois* &c.

La

La terminaison française *sse* et les trois votres valent quelque fois un parfait simultané, c'est-à-dire, qu'elles sont au subjonctif ce que l'imparfait *ais* est à l'indicatif : elles expriment une action passée, mais qui avait lieu conjointement avec d'autres actions dont on parle, et qui sont également passées. On peut, sans choquer l'oreille, tourner cette terminaison par l'imparfait *se* l'indicatif *ais*.

Lorsque j'ai dit cela, je ne croyais pas que vous m'entendissiez. On peut dire : *je ne croyais pas que vous m'entendiez.*

C'est pour cette raison que je le nommerai *imparfait du subjonctif.*

Nos Grammairiens s'accordent à regarder comme une faute l'emploi de la terminaison *sse*, lorsqu'elle est précédé d'un présent ou d'un futur de l'indicatif ; mais ils n'ont pas réfléchi qu'un tel emploi est bon, élégant, usité, et même nécessaire, quand on destine cette terminaison à marquer un parfait simultané ; enfin toutes les fois qu'on l'emploie au lieu de l'imparfait de l'indicatif : peut-on raisonnablement trouver mauvaises les phrases suivantes.

Ils ne répondaient rien, dites-vous, à vos questions ; mais que prétendez vous qu'ils pussent vous répondre ?

Mr. Fontenelle, après avoir décrit certaines fourberies des prêtres payens, ajoute : *il est étonnant que les peuples ne s'aperçussent point de telles fourberies.*

Après la chute du règne de la terreur, un de nos journalistes les plus estimés a dit : *la postérité qui apprendra comme &c... s'étonnera que tout un peuple se laissât ainsi mener par une poignée de factieux, et que &c.*

Un autre a dit, il y a quelques mois : *il n'est point de bruit alarmant que les mal intentionnés ne répandissent ces jours passés, sur notre Armée d'Egypte.*

Enfin je pourrais ici accumuler une foule d'exemples pareils et tirés de nos meilleurs auteurs ; mais je me borne à ceux-là. Vous pouvez voir que ces verbes *pussent, aperçussent* &c. sont mis ici pour *pouvaient, apercevaient, laissait, répondaient.*

Enfin la terminaison *rais* et les trois verbes *ra, ria, se,* valent un futur sans le secours d'aucun adverbe, ou expression qui marque ce tems : c'est lorsqu'à la suite des verbes dire *annoncer, croire, penser* &c. employés à des tems passés, on les destine à marquer une action future ou au moins postérieure à celle de dire, *annoncer* &c.

$$\left.\begin{array}{l}\textit{ou m'adit}\\\textit{je pensais}\\\textit{je crus}\\\textit{je m'étais imaginé}\end{array}\right\} que \left\{\begin{array}{l}\textit{vous viendriez}\\\textit{tu partirais}\\\textit{tu m'attendrais}\\\textit{nous sortirions.}\end{array}\right.$$

Malgré cette observation, je ne donnerai aucun nom particulier à cette terminaison employée comme tems du subjonctif, parce que dans le tableau de conjugaison je ne la placerai qu'au conditionnel.

Dans

Dans le subjonctif de votre langue vous avez un futur que n'a point la langue française : c'est celui qui est toujours terminé en *re*, *res*, *re*, comme *pudiere*, *amare*, *saliere* &c. Vous l'employez pour faire entendre que la futurition de l'action est une chose absolument incertaine : *Si acaso me vieres, haz como que no me conoces. Si par hazard tu me vois ; au cas que tu me voies ; s'il arrivait que tu me visses, ne fais pas semblant de me connaître.*

Vous l'employez sur tout quand vous voulez représenter ou le sujet, ou le regime, ou l'attribut ou toute autre partie de la proposition comme quelque chose d'incertain et d'inconnu et que vous voulez faire entendre que cet objet quelconque, ne sera point un obstacle pour une autre action mentionnée.

Quoi que vous puissiez dire, je le ferai.
Diga Vm. lo que dixere, sin embargo lo haré.

$$\text{Venga} \left\{ \begin{array}{l} \textit{quien} \\ \textit{lo que} \\ \textit{donde} \\ \textit{quando} \\ \textit{como} \\ \textit{de donde} \\ \text{\&c.} \end{array} \right\} \textit{viniere, sea} \left\{ \begin{array}{l} \textit{quien} \\ \textit{lo que} \\ \textit{como} \\ \textit{qual} \\ \textit{por quien} \\ \textit{quando} \\ \text{\&c.} \end{array} \right\} \textit{fuere.}$$

Les mots renfermés dans ces deux acolades expriment les divers objets inconnus dons on a l'air de faire peu de cas, de s'embarrasser peu, et dans de pareilles énonciations vous répétez le même verbe, en disant, par exemple, *vienne qui viendra .... qu'il soit, qu'il sera*, mais l'usage ne le permet pas en français. Ainsi de telles phrases ne peuvent jamais se traduire littéralement et pour les rendre nous sommes obligés de prendre à-peu-près les tours suivants.

<table>
<tr><td>

vienne qui voudra
$\left\{ \begin{array}{l} \textit{qu'il en arrive ce qu'il pourra} \\ \text{ou} \\ \textit{quoi qu'il en puisse arriver} \end{array} \right.$
$\left\{ \begin{array}{l} \textit{qu'il vienne où il voudra} \\ \text{ou} \\ \textit{en quelque endroit qu'il vienne} \end{array} \right.$
$\left\{ \begin{array}{l} \textit{n'importe quand il vienne} \\ \text{ou} \\ \textit{qu'il vienne n'importe quand} \end{array} \right.$
de quelque manière qu'il vienne
de quelque part qu'il vienne.

</td><td>

qui que ce soit
$\left\{ \begin{array}{l} \textit{quoi que ce soit} \\ \text{ou} \\ \textit{quoi qu'il en soit} \end{array} \right.$
quel qu'il soit
$\left\{ \begin{array}{l} \textit{qu'il soit n'importe comment} \\ \text{ou} \\ \textit{de quelque maniere qu'il soit} \end{array} \right.$
pour qui que ce soit
$\left\{ \begin{array}{l} \textit{n'importe quand} \\ \text{ou} \\ \textit{en quelque tems que ce soit.} \end{array} \right.$

</td></tr>
</table>

Voici comme je présenterai le subjonctif français comparé à l'espagnol en omettant toutefois ce dernier futur.

TEMS

TEMS DU SUBJONCTIF.

PRÉSENT

Cree Vm. que		Croyez-vous que	
yo	pueda,	je	puisse,
tú	puedas,	tu	puisses,
aquel	pueda,	il	puisse,
nosotros	podamos,	nous	puissions,
vosotros	podais,	vous	puissiez,
aquellos	puedan.	ils	puissent.

IMPARFAITS.

Ha creido Vm. que				Avez-vous cru que		
yo	pudiera,	podria,	pudiese,	je	pourrais....... je	pusse,
tú	pudieras,	podrias,	pudieses,	tu	pourrais....... tu	pussés,
aquel	pudiera,	podria,	pudiese,	il	pourrait....... il	pût,
nosotros	pudiéramos,	podriamos,	pudiésemos,	nous	pourrions..... nous	pussions,
vosotros	pudierais,	podriais,	pudieseis,	vous	pourriez....... vous	pussiez,
aquellos	pudieran,	podrian,	pudiesen.	ils	pourraient.... ils	pussent.

E

TEMS DE L'IMPÉRATIF.

Ce mode paraît n'avoir qu'un tems, on l'emploie quand on veut que la chose commandée, ou conseilléé, ait lieu au moment même qu'on la commande *sors de là*, *va-t'en*, *viens-ici*, *sortons*, *allons-nous-en*.

Ce mode ne peut avoir de parfait ou tems passé : on conçoit bien que notre volonté ne peut avoir pour objet que des actions présentes ou futures, et que ce mode étant uniquement destiné à exprimer les différents actes de notre volonté, quand celle-ci a pour objet une action à faire, il est impossible qu'elle s'exerce sur des actions passées; mais peut-il avoir un futur? il le peut à la rigueur : on peut commander une chose qui ne doit avoir lieu que long-tems après l'expression de la volonté; et alors on se sert, ou de l'impératif même, ou du futur de l'indicatif. *Partez à midi juste, et venez nous rejoindre*; ou bien, *vous partirez à midi juste, et vous viendrez nous réjoindre*.

Dans de telles expressions, je reconnais que c'est par extension de sens, que l'impératif vaut un futur, et que le futur de l'indicatif vaut un impératif : je ne me crois donc point fondé à mettre ce futur au rang des tems de l'impératif; et comme d'après cela ce mode n'aura qu'un tems, servant également pour le présent et le futur, il me paraît inutile de le qualifier ou de présent ou de futur, ou de l'un et de l'autre en même tems : vous savez qu'il a ces deux valeurs. Je le nommerai simplement *impératif*, et cette dénomination vous avertira qu'il n'est point susceptible d'être subdivisé en des tems différents.

Pour vous peindre l'impératif, je ne peux raisonnablement prendre celui du verbe pouvoir : c'est une action qu'on ne peut commander: en effet peut-on dire : *Peux écrire ... pouvons partir ... pouvez revenir*. *P. escribir ... podamos partir ... poder volver*. De semblables énonciations parraissent exclues de l'usage. Je me permettrai donc de remplacer cet impératif par celui du verbe *aller ... ir*.

IMPÉRATIF.

. . . .	. . . .
ve	*va* et quelquefois *vas*
. . . .	. . . .
vamos	*allons*
id.	*allez*
. . . .	. . . .

Je parlerai plus bas de la terminaison.

TEMS

TEMS *OU* PARTIES DE L'INFINITIF.

Je ne vois plus dans le verbe d'autres terminaisons que celles qui constituent l'infinitif *pouvoir*, *pouvant*, *pu*; *poder*, *pudiendo*, *podido*.

Quels noms donnerai-je à ces diverses parties, et à leur ensemble?

Si j'osais sacrifier au bon sens et à la saine raison, l'antique autorité et toutes ses fausses idées; je me permettrais de donner à l'ensemble de *pouvoir*, *pouvant*, *pu*; *croire*, *croyant*, *cru*; *dîner*, *dînant*, *dîné* &c. un nom que l'analyse m'a prouvé véritablement leur convenir. Je me suis convaincu que ces trois parties de verbes *faire*, *fesant*, *fait* &c. appartiennent plus encore à la classe du nom qu'à celle du verbe. Les deux premières, *pouvoir* et *pouvant*, ainsi que leurs semblables dans les autres verbes, ne peuvent paraître dans une proposition que pour y remplir les fonctions du substantif ou de l'adjectif; il en est de même, pour le participe, si celui-ci a, sur les deux premières parties, l'avantage de concourir au moyen d'un auxiliaire, à former plusieurs parties affirmatives du verbe. On trouve d'un autre coté une foule de participes qui, employés seuls, ne peuvent remplir aucune des fonctions du nom, et auxquels il faut toujours un auxiliaire pour avoir un sens, et quels sens ont-ils alors? celui du nom et celui du verbe.

Toutes ces réflexions démontrent que ces trois parties sont en même tems des noms et des verbes; je crois donc qu'on pourrait raisonnablement donner à leur ensemble la dénomination de *VERBE-NOM* et dire que le verbe-nom comprend trois parties, qui sont : *l'infinitif*, qui nomme l'action, et qui est comme la source et la racine du verbe; le *gérondif*, qui est en même tems *participe présent* : et enfin le *participe*, qui souvent ne l'est point; mais auquel pourtant on conserve ce nom, parce que, dans la plupart des cas, il est susceptible de l'être.

En votre langue l'infinitif est terminé en *ar*, *er*, *ir*; en français, il l'est de plusieurs manières, mais qu'on réduit toutes en les simplifiant à ces deux-ci *r et re*.

En espagnol le gérondif est en *ando* pour la premiere conjugaison, et en *iendo* pour les deux autres : chez nous, il est toujours en *ant*.

Vos participes réguliers sont, selon les conjugaisons ci-dessus, ou en *ado* ou en *ido*. Mais vous en avez en *to*, *so*, *cho*; quant aux nôtres, ils ont une des terminaisons suivantes, *é*, *i*, *is*, *it*, *u*, *ait*, *ert*, *int*.

L'infinitif *pouvoir*, et ses semblables, *courir*, *parler*, *écrire* &c. expriment un tems présent, mais simultané à l'égard du verbe dont ils dépendent; c'est-à-dire, qu'ils désignent l'action comme présente, seulement dans le tems que nous marque le verbe principal de la proposition;

                    mais

mais ils ne la désignent point comme présente d'une manière absolue et dans le tems où nous parlons.

$$\left.\begin{array}{l}\textit{Vous l'avez vu}\\\textit{vous le voyez}\\\textit{vous le vites}\\\textit{vous l'aviez vu}\\\textit{vous l'cûtes vu}\end{array}\right\}\textit{écrire.}$$

Dans toutes ces phrases l'action d'écrire est représentée comme passée, parce que le verbe *voir* est à divers tems passés ; mais elle était présente lorsque l'action de *voir* a eu lieu.

vous le voyez. Ecrire . .

L'action d'écrire est présente parce que celle de voir est telle.

vous le verrez écrire

Elle est future relativement au moment où l'on parle ; mais elle sera présente quand celle de voir aura lieu.

La même observation a lieu pour le gérondif ces deux parties de verbe n'ont donc qu'un tems.

Voici comme je représenterai le *Verbe-nom.*

VERBE-NOM.

INFINITIF.	GÉRONDIF.	PARTICIPE.
Pouvoir,	pouvant,	pu.
Poder,	*pudiendo,*	*podido.*

Dans l'examen que je viens de finir sur le nombre des tems simples que comprend chaque mode, je ne vous ai point parlé des tems composés ; je dois vous dire ici que chacune des parties simples que j'ai rapportées, a son tems composé correspondant ; excepté l'impératif, qui n'en a pas toujours , et le participe qui est de nature à n'en avoir jamais.

Je dis que deux tems, l'un simple et l'autre composé, sont correspondants , lorsque le composé est formé du même tems du verbe *avoir* que le tems simple : *je dîne* et *j'ai* ; *je dînais* et *j'avais, je dinai et j'eus ; je dinerai* et *j'aurai ; je dinerais* et *j'aurais* &c. sont les mêmes tems simples : par conséquent, *je dîne* et *j'ai dîné* ; *je dînais* et *j'avais dîné ; je dinerai* et *j'aurai dîné* &c. sont des tems simples et composés correspondant.

Il y a ce rapport entre chaque tems simple et son composé, que le premier nous peint l'action comme présente dans un tems quelconque ; au lieu que le second nous la représente comme passée dans ce même

tems.

tems. Ne croyez point pourtant que je prétende que tout tems simple nous dépeint des actions réellement et absolument présentes : ce n'est point là mon idée ; je m'explique. Chaque tems simple ou composé est destiné à porter en quelque façon notre imagination dans un tems ou passé, ou présent, ou futur ; et ces divers tems, étant alors comme présents à notre esprit, le tems simple nous y fait voir les actions comme présentes et le composé nous les y depeint comme passées. Si cette explication ne suffit pour me faire entendre, voyons quelques exemples.

Je dîne dans ce moment voilà une action présente dans le tems actuel.

J'ai dîné dans ce moment la voilà dépeinte comme passée dans ce même tems.

Je dînais dans ce moment est une action donnée comme présente, dans un tems passé, auquel mon imagination se porte tellement, qu'il me semble voir cette action comme présente ; si je veux la représenter comme passée dans ce même moment, au lieu de dire : *Je dînais, quand vous vintes,* je dirai *quand vous vintes, j'avais diné.*

Il en est de même pour le parfait historique, *à une heure nous nous mîmes à table* ; je vois l'action comme présente pour ce tems indiqué ; *et nous eûmes dîné pour deux heures* ; je me figure que je suis à cette époque de *deux heures*, et j'y vois l'action de dîner comme finie.

Mon imagination perce également dans l'avenir, et là, elle me fait voir des actions, qui n'existent point encore ; ou comme présentes, par le moyen du futur simple ; ou comme passées, par le futur composé *demain je dînerai à deux heures, et à trois heures j'aurai dîné.*

Ce que je viens d'observer pour les tems de l'indicatif, doit s'appliquer à tous ceux des autres modes.

Les impératifs des verbes qui peuvent avoir des tems surcomposés, sont les seuls qui puissent avoir un impératif composé : on ne pourra jamais dire : *aye aimé, ayons chéri, ayez honoré* ; mais on pourra dire : *ayez dîné pour midi ; car nous devons partir à cette heure-là.*

Toutes ces réflexions, tendant à prouver le rapport qu'il y a entre chaque tems simple et son composé, démontrent d'une manière palpable la nécessité de les rapprocher les uns des autres, dans un tableau de conjugaison. C'est cependant une chose, dont personne jusqu'ici ne nous a donné l'exemple : dans les meilleurs tableaux de conjugaison que nous ayions, nous trouvons ces tems arrangés sans choix, et comme jetés au hazard : et par ce désordre, nos Grammairiens ont semblé, ou méconnaître ce rapport, ou n'y avoir jamais réfléchi. Si pourtant ils les avaient rapprochés, outre l'avantage qu'ils auraient recueilli, en démontrant qu'ils connaissaient à fond la matière qu'ils traitaient, il en eût résulté un autre : c'est qu'ils se seraient trouvés exempts de chercher

et

et d'inventer des noms particuliers à donner à tous les tems composés:
ceux-ci auraient pris le nom du simple, auquel nom on eût ajouté la dénomination générale de *composé*. Ainsi *je dîne* voilà *le présent*, et *j'ai
dîné le présent composé*; *je dînais* est le *simultané*, et *j'avais dîné,
le simultané composé*; *je dînai* est *l'historique*, et *j'eus dîné*, *l'historique composé*; et ainsi du reste. Ces seules dénominations auraient encore contribué à bien faire sentir le rapport nécessaire qu'il y a entre eux.

Dans le tableau que je vous donne, je me hazarde de suivre le plan
dont je vous parle : je place sur une colonne tous les tems simples avec
leurs noms mis en marche ; immédiatement à côté, et dans une seconde
colonne, sont rangés tous les tems composés, sans aucun nom particulier, que celui du tems simple, auquel on ajoute le mot *composé*. Vient
en fin une troisième colonne, pour les tems sur-composés ; pour le nom
desquels on suivra la même marche.

Nos Grammairiens paraissent douter qu'il y ait autant de tems sur-
composés que de simples. Je crois le contraire, à l'exception de l'impératif, cependant ; et pour prouver mon sentiment, je vais vous donner
en exemples quelques phrases, où tout leur emploi se trouvera détaillé.

Je me suis mis à table à une heure, et pour deux heures j'ai eu dîné.
Était-il sorti, dès qu'il avait eu dîné?
Ils disparurent, dès qu'ils eurent eu dîné.
Il sera parti, dès qu'il aura eu dîné.

S'il avait eu dîné de milleure heure, il aurait pu vous accompagner.
J'aurais eu dîné plutôt que vous, si &c.
Nous eussions eu dîné pour cette heure-là si &c.

Croyez-vous que pour cette heure-là il ait eu dîné?
Il faudrait que vous eussiez eu dîné pour lors.

Il s'en alla, aussitôt après avoir eu dîné.
*Ayant eu dîné de si bonne heure, votre ouvrage devrait-être plus
avancé.*

En espagnol vous employez assez communément le verbe avoir (*haber*) avec un infinitif, précédé de la préposition *de*, pour marquer, ou
une futurition prochaine, ou une nécessité, ou un devoir &c. ; de pareilles phrases sont elliptiques, c'est-à-dire, qu'il y a quelque chose de
sous-entendu : il est aisé de voir que c'est le mot *menester*, *besoin* : *has
de callar*, *tu dois te taire*, *tu te tairas*, ou simplement *tais-toi* : c'est
comme si l'on disait littéralement *tu as . . . . de te taire* au lieu *de* : *tu as*
be-

besoin de te taire. Ce verbe, ainsi employé, a cette propriété dans tous ses tems simples. Votre académie a cru, d'après cela, devoir le considérer comme un vrai auxiliaire : ainsi, dans les premières editions de sa grammaire, elle nous donne un futur-composé, formé de cette manière : *he de ser*, *je serai bientôt*, ou *je dois être* ; et dans la derniere édition, on ne voit qu'un infinitif et un gérondif futurs, formés de ce prétendu auxiliaire : *haber de partir*, *habiendo de salir*; *devoir partir*, *devant sortir.* Je crois qu'elle eût mieux fait, ou de conjuguer de cette sorte le verbe *avoir* dans toute son étendue, ou de n'en citer aucune partie. En le donnant en entier elle eût fait entendre que ce n'est pas seulement pour l'infinitif et le gérondif, que ce verbe a la propriété de marquer la futurition &c.; mais qu'il la conserve, dans tous ses tems simples; et en ne le donnant point du tout, elle aurait évité une erreur évidente : car c'en est une que de croire, qu'un infinitif ait besoin d'auxiliaire.

Au reste, ce que je dis ici pour votre académie, peut s'adresser à plusieurs de nos Grammairiens, qui commencent à introduire dans leurs conjugaisons, diverses parties de verbes, qu'ils regardent comme auxiliaires, sans songer qu'un tel systême peut à la suite mener à l'absurde, ou au moins au ridicule. Car enfin, si un Grammairien célèbre fait adopter le verbe *aller*, comme auxiliaire, dans *je vais dîner*, un autre nous dira: si *je vais, tu vas* &c. marque un futur prochain ; *venir, dans je viens de dîner*, marque un passé prochain également, et il fait pour les actions passées, ce que fait *aller* pour les futures ; si *je vas dîner*, est un futur prochain, *je viens de dîner* est un parfait prochain ; cela est clair : et comme il est évident, pour ces messieurs, que le premier est auxiliaire, il le sera également pour le second. Maintenant un autre réclamera en faveur de *sortir* : car *je viens de dîner*, ou *je sors de dîner*, sont synonymes ; et cette dernière façon de parler a même quelque chose de plus expressif : *sortir* viendra donc agrandir le cadre de nos conjugaisons. On sait que *devoir* est depuis long-tems admis ; et je ne sais d'après quel motif raisonnable, il a cette préférence sur plusieurs autres verbes, qui, comme lui, régissent un infinitif; et si l'on n'explique point pourquoi, on aura le droit de mettre dans le même rang, *vouloir, pouvoir, savoir, désirer* &c. &c. J'ai vu une grammaire anglaise, où les verbes étaient conjugués avec divers tems du verbe *pouvoir*, et toutes ces parties réunies y avaient le nom de *mode potentiel*; cela prouve qu'une fois le premier pas fait, une fois l'exemple donné par des hommes de réputation, il deviendra impossible de connaître le point fixe où l'on pourra raisonnablement s'arrêter. Un principe est faux, quand par degrés, il nous mène plus loin que la honte ne nous permet d'aller.

Il serait à propos que les Grammairiens de tous les pays fussent un
peu

peu plus en garde contre la tentation de la nouveauté : l'irréflexion nous fait quelquefois prendre les bluettes de l'apparence pour l'éclair de la vérité, et complaisamment nous nous attachons à des minuties ou à des faussetés, comme à des découvertes superbes, et dignes de la plus sérieuse attention. Le célèbre Dumarsais était d'un sentiment diamétralement opposé : il n'admet aucune espèce d'auxiliaire ; mais c'est, selon moi, un peu trop. Voyons quel milieu raisonnable nous devons prendre entre ces deux excès. Je crois que *avoir* et *être*, ce dernier avec les verbes pronominaux seulement, sont de vrais auxiliaires, et les seuls auxiliaires que nous devions reconnaître ; et mon opinion est fondée sur la grande différence qu'il y a entre le participe et l'infinitif.

Le participe peut, il est vrai, paraître quelquefois dans le discours comme un adjectif pur ; mais hors ce cas, qui est rare, eu égard à son emploi fréquent, il ne peut y jouer aucun role qu'avec *avoir* ou *être* : si vous supprimez ces deux verbes, la plus grande partie des participes deviennent inutiles à la langue, et il n'est plus possible de dépeindre dans le présent, le passé et l'avenir, d'autres actions que des actions présentes, dans ces divers tems. D'après les procédés actuels de la langue française, il vous faut, pour peindre ces actions comme passées dans ces tems, un participe, auquel *avoir* ou *être* peuvent seuls communiquer la propriété et la force du verbe. Ajoutez à cela, que, sans ces deux auxiliaires, vous avez une foule prodigieuse de participes qui deviendraient inutiles à la langue : supprimez-les ; que ferez-vous de *langui*, *gémi*, *marché*, *lui*, *nui*, *existé*, *vécu*, *efforcé*, *emparé*, *souvenu* ; *dependu* &c. &c. de tels mots n'eussent jamais été français, si ces deux auxiliaires n'avaient point contribue à leur donner une existence.

Mais il n'en est pas de même de l'infinitif : c'est dans tous les cas possibles un terme aussi indépendant de toute espèce d'auxiliaire, qu'un substantif ou un adjectif ordinaire ; et jusqu'ici, l'analyse ne m'a pas encore montré un infinitif qui ne fût, ou sujet, ou régime de verbe, ou régime de préposition exprimée ou sous-entendue, ou enfin attribut.

Vous aurez remarqué que je ne donne point de troisième personne aux impératifs : je dois vous expliquer les motifs de cette singularité.

Si, au lieu de supprimer les troisièmes personnes, je m'avisais de compléter ce mode, en lui donnant des premières personnes singulieres, en la manière suivante :

que j'aille	que je dorme	que je fasse
va	dors	fais
qu'il aille	qu'il dorme	qu'il fasse
allons	dormons	fesons
allez	dormez	faites
qu'ils aillent	qu'ils dorment	qu'ils fassent.

Je ne doute point qu'on ne s'élevât bientôt contre une telle singularité : on pourrait me faire plusieurs excellents raisonnements, pour me prouver qu'il est impossible de reconnaître dans ce mode, des premieres personnes singulières. Eh bien, de tous ces raisonnements, il n'en est pas un que je ne puisse employer, pour prouver la non-existence des troisièmes personnes.

1.° J'ai dejà prouvé que la nature de l'impératif est telle qu'il est impossible de lui supposer un sujet : chose qui arriverait si on lui donnait des troisièmes personnes.

2.° La troisième personne, disent les Grammairiens, est celle dont on affirme, dont on parle ; eh bien, il est evidemment impossible de commander une chose, à une personne dont on affirme ; commander à une personne et affirmer d'elle sont deux choses contradictoires.

3.° Il n'y a point de Grammairien qui ne reconnaîsse, que ce *que*, l'on donne à ces prétendues troisièmes personnes, est une vraie conjonction : or, une proposition qui commence par une conjonction, suppose nécessairement un verbe ; ou, si vous voulez, une autre phrase, qui précède, et qui est, ou exprimée ou sous-entendu ; quand on dit : *qu'il entre, qu'il parte, qu'il revienne* &c. il y a donc des verbes de sous-entendus et sous la dépendance des quels se trouve le *que*. Ces verbes seräient, par exemple, *je veux, je consens, j'ordonne, il faut, j'accorde, je permets, je suppose* &c. c'est comme si l'on disait :

je permets		*entre*
je veux		*parte*
je consens	*qu'il*	*revienne*
&c. &c.		*s'en aille.*

En complètant de cette sorte les phrases sous-entendues, le prétendu impératif s'évanouit aux yeux de l'analyse, qui n'y reconnaît plus qu'un vrai subjonctif.

4.° Il est évident que dans votre langue, aussi bien que dans la nôtre, il n'y a pas une troisième personne d'impératif, qui ne soit absolument semblable à la même personne du subjonctif, même dans les verbes les plus irréguliers : il est donc probable que ceux, qui jusqu'ici, nous ont donné des modèles de conjugaisons, n'ont fait autre chose que répé-

F

ter

ter dans l'impératif les troisièmes personnes du subjonctif, et même avec cette conjonction *que* qui lui a fait donner le nom de conjonctif.

5.º Un de nos Grammairiens les plus renommés, en parlant de l'emploi du subjonctif, a dit: "*que* régit le subjonctif dans les phrases impératives." Je ne m'attacherai point à faire des réflexions sur la contradiction évidente que présente l'énoncé de ce principe : je me contenterai de regarder ce peu de mots , comme l'aveu que fait ce Grammairien de l'impossibilité qu'il y a à reconnaître , qu'un *que* conjonction gouverne l'impératif.

Nos verbes conjugués ont toujours des pronoms sujets , excepté cependant à l'impératif, et dans le discours nous ne les employons presque jamais qu'avec ces pronoms personnels; ce n'est pas sans raison: quoique différenciés par l'orthographe de leurs terminaisons, nos verbes dans la langue parlée, n'ont point des variations assez sensibles pour que l'oreille puisse distinguer les personnes et quelquefois même les nombres; que je prononce *je porte, tu portes, il porte, ils portent* et une foule d'autres, sans les pronoms, on ne pourra plus distinguer , ni les personnes, ni le nombre; pour les reconnaître , la présence des pronoms sujets devient absolument nécessaire, on doit donc considérer en français ces pronoms comme de vraies parties intégrantes du verbe et conclure que ceux qui prétendent que nos verbes ont par la variation de leurs terminaisons la propriété de marquer le nombre et les personnes, n'ont pas tout à fait raison. Dans la langue ancienne rarement on employait ces pronoms sujets ; mais c'est que sans doute alors on prononçoit comme on écrivait et qu'on ne négligeait point de faire sentir à l'oreille les terminaisons différentes du verbe.

Ce qui fait qu'un verbe est régulier, n'est pas précisément parce qu'il se conjugue de telle ou telle manière : cette manière est en soi une chose absolument indifférente ; c'est lorsqu'il se conjugue d'une façon qui est commune à plusieurs autres verbes : ainsi *porter, chanter, dîner* ou *finir, polir, blanchir* sont réguliers parce que le plus grand nombre des verbes français se conjuguent, ou comme les trois premiers, ou comme les trois derniers.

Ce qui fait qu'un verbe est irrégulier , n'est pas de ce qu'il se conjugue de cette façon-ci ou de celle-là, ce qui est encore indifférent. C'est parce qu'il est le seul, ou du moins qu'il y a un très petit nombre de verbes qui se conjuguent comme lui ; ainsi, *être, avoir, aller,* sont irréguliers, parce qu'ils ont des formes, des variations &c. qui ne leur sont communes avec aucun autre verbe de la langue.

Quand

Quand un verbe se conjuguera comme plusieurs autres verbes il ne pourra donc point être regardé comme irrégulier.

Il y a dans une langue autant de conjugaisons régulières que l'on peut donner de modèles différents, pour conjuguer plusieurs autres verbes semblables. Mais vous demanderez peut-être : pour qu'un verbe soit régulier ou, disons mieux, pour qu'une conjugaison soit régulière, à quel nombre doivent monter les verbes qu'elle comprendra? c'est une chose qu'on ne peut guère raisonnablement fixer en français : si l'on y exige qu'une conjugaison pour être régulière embrasse un grand nombre de verbes, nous nous verrons forcés de n'en admettre que deux, celle des verbes en *er,* comme *porter, chanter* &c. qui forment la presque totalité des verbes français ; et celle des verbes en *ir,* comme *finir,* dans laquelle on en trouve près de deux cents, hors ces deux conjugaisons je n'en vois plus, si ce n'est de celles qui n'ont qu'un petit nombre de verbes comme on peut le voir par l'extrait suivant.

Ceux qui se conjugent sur *rendre* en y comprenant ceux en

andre,	
ondre,	
endre,	48
ordre,	
et ompre,	
indre,	28
enir,	25
uire,	21
aître,	
oître,	11
ettre,	13
crire,	9
ourir,	8
prendre,	9
evoir,	7
traire,	7

et ainsi du reste, mais toujours en diminuant de nombre. Ainsi, ou je dirai qu'il n'y a en français que deux conjugaisons vraiment régulières, *dîner* et *finir :* ou qu'il y en a autant que je donne ici de divers modèles pour conjuguer des semblables. Si l'on s'attache à cette dernière opinion, on conviendra qu'entre toutes les conjugaisons de la dernière espèce il y a des degrés insensibles que les rapprochent plus ou moins des verbes irréguliers.

Les Grammairiens ne sont point d'accord sur le nombre des conjugaisons qu'ils doivent admettre en français. Cependant, d'après les ob-

ser-

servations que je viens de faire, la question est facile à décider. Au reste, elle importe peu pour le but que je me suis proposé, qui est de vous faciliter et de vous simplifier la connaissance parfaite de nos verbes; c'est pourquoi sans entrer dans une discussion inutile sur cette matière, je préfère vous donner autant de modèles de verbes qu'il y en a de sortes différentes ayant des semblables; par ce moyen, je diminuerai considérablement le nombre des verbes irréguliers, et la plupart de ces prétendus irréguliers, conjugués dans leur entier comme s'ils ne l'étaient point, servent chez moi de modèles à d'autres verbes semblables.

Ceux qui ont suivi une autre marche ne se sont point aperçus qu'ils multipliaient les difficultés à mesure qu'ils diminuaient le nombre des conjugaisons : ils ne nous donnent que quatre, cinq, six conjugaisons; mais à la suite de cette prétendue simplification, viennent deux ou trois cents exceptions, infiniment essentielles à connaître, et qui sont capables d'effrayer et de rebuter, parce qu'on les qualifie d'exceptions, et parce qu'elles sont très-nombreuses. Dans une quarantaine de modèles que je vous donne ici vous trouvez le moyen de régulariser plus de cent verbes qu'on a jusqu'ici classés dans les irréguliers. C'est beaucoup j'en conviens; mais j'aime mieux être long, sur ce point, que d'étourdir et de noyer votre attention dans une multitude d'exceptions.

A la suite des verbes modèles, viennent quelques verbes vraiment irréguliers et conjugués en entier parce qu'ils sont d'un usage bien fréquent.

Je vous donne enfin une liste alphabétique des irréguliers et défectifs, avec tous les détails convenables sur leurs irrégularités ou défauts.

On nomme verbes défectifs ceux qui n'ont point tous leurs tems, leurs personnes, leurs modes &c.

Le mot de conjugaison signifie aussi *réunion*, *assemblage* et dans ce sens on l'emploie ou pour signifier un tableau qui met sous les yeux toutes les formes, toutes les variations et terminaisons dont un verbe est susceptible ; c'est dans ce sens qu'on dit : *je voudrais connaître la conjugaison de ce verbe* ; *j'ignore quelle est la conjugaison de cet irrégulier*: ou il signifie les classes particulières des modèles que l'on donne pour conjuguer d'autres verbes; et c'est dans ce sens que l'on dit : *ce verbe est de la première ou de la seconde conjugaison* ; *il n'est guère possible en français de fixer le nombre des conjugaisons* &c. &c.

D'après ce que j'ai dit sur les modes et leurs différences, sur toutes les sortes de tems et les rapports qui existent entre-eux, il est facile de déterminer quelle peut être la meilleure manière de former la conjugaison d'un verbe ; c'est-à-dire, d'exécuter un tableau qui présente à l'œil toutes ses formes, toutes ses variations et terminaisons rangées selon l'ordre le plus simple et le plus naturel.

Com-

Comme l'essentiel du verbe est l'affirmation, je crois qu'on doit commencer par les modes les plus affirmants, et finir par ceux qui le sont moins. Voici donc l'ordre que je suis :

Indicatif, conditionnel, subjonctif, impératif et *infinitif* ou *verbe-nom*. Je crois que dans cet ordre la gradation est bien exacte entre le mode qui affirme le plus positivement et celui qui n'affirme nullement.

Je crois également qu'un ordre inverse, celui qui commencerait par le *verbe-nom*, source et racine du verbe, et qui finirait par l'indicatif, serait aussi naturel ; mais je préfère le premier.

Pour ce qui est des tems simples, le bon sens nous prescrit de commencer toujours par les présents, de citer ensuite les passés divers et de finir par les futurs.

À l'égard des tems composés, j'ai déjà démontré combien il est naturel et nécessaire de les placer dans une colonne séparée et chacun vis-à-vis de son tems simple.

Je ne vois point qu'il soit possible de présenter un tableau des différentes parties et variations du verbe d'une manière plus simple, plus naturelle ; j'ose même dire qu'un plan de conjugaison qui s'en écarterait en quelque chose d'essentiel, ne présenterait plus que confusion et désordre, et qu'enfin celui qui y ajouterait des parties étrangères, comme des infinitifs avec de prétendus auxiliaires, pécherait contre la justesse et la vérité par les raisons que j'en ai données.

Je dois distinguer trois sortes de conjugaisons (ce mot toujours employé dans le sens de l'assemblage ou réunion des diverses parties du verbe) ; la grande conjugaison, la moyenne et la petite. Je me trouve obligé d'établir ces trois distinctions ; et comme ce sont pour vous des noms nouveaux, je vais vous les expliquer.

J'entends par grande conjugaison celle qui, non-seulement représente toutes les variations du verbe, mais qui en répète quelques-unes suivant qu'elles appartiennent à deux modes différents ; c'est ce que vous allez voir dans la conjugaison du verbe *dîner* ; et c'est à peuprès ce que vous avez vu pour le verbe *pouvoir*. Dans ces deux verbes la terminaison *ais*, appartenant essentiellement à l'indicatif et au conditionnel, se trouve répétée dans ces deux modes ; il en est de même pour la terminaison *sse* qui, fesant partie du conditionnel et du subjonctif, est répétée dans l'un et dans l'autre. Enfin, l'action de *dîner* étant une de celles dont on peut aisément connaître le commencement et la fin, le verbe qui la représente doit se conjuguer avec les tems sur-composés. Comme je conjugue ce verbe avec les tems surcomposés, et que je complète son mode conditionnel, en y plaçant la terminaison *ais* du simultané et celle *sse* de l'imparparfait du subjonctif ; cette conjugaison présente non-seulement deux tems de plus ; mais encore une troisième colonne que n'ont point les autres. On peut donc donner le nom de *grande* à une conjugaison aussi étendue.

Celle qui ne répète point ces deux terminaisons *ais*, *sse*, et qui suppose que l'élève, en plaçant seulement celle en *ais* dans l'indicatif, et celle en *sse* seulement dans le subjonctif, est persuadé malgré cela que ces deux terminaisons appartiennent essentiellement au conditionnel et qu'elles pourraient y être répétées ; celle où l'on ne fait pas mention des tems sur-composés, parce que le verbe n'est pas susceptible de les recevoir ou parce qu'on les néglige, est moins étendue que la première ; elle n'a que deux colonnes et qu'un tems au conditionnel, je lui donne le nom de *moyenne*. Je vous présente ici, sous cette forme nos deux auxiliaires *avoir*, et *être*.

Enfin je réfléchis que dans tous les verbes, soit ordinaires, soit pronominaux, les tems composés sont exactement les mêmes ; ce ne sont point ces tems qui constituent une différence entre une conjugaison et une autre, les tems simples ont seuls cette propriété : enfin, pour avoir tous les tems composés d'un verbe, il suffit d'ajouter le participe de ce verbe à la première colonne du verbe *avoir* page 57 s'il n'est point pronominal à la seconde colonne du même verbe, si l'on veut former des tems sur-composés ; à la colonne indiquée page 55 du verbe *être*, s'il est pronominal, ou enfin à celle indiquée page 59 si c'est un verbe neutre, que l'on veuille conjuguer avec *être*. Ces modèles de tems composés et l'instruction que j'y ajoute rendent inutile dans tous les autres verbes la répétition monotone des tems composés et sur-composés. (

On peut donc, dans la plupart des modèles de conjugaisons, ne montrer que les tems simples sans répétition des terminaisons du conditionnel, et sans aucun tems composé ni sur-composé. Ces conjugaisons, ainsi abrégées, sont ce que je nomme *les petites* ; c'est sous cette forme que je vous présente une cinquantaine de verbes tant réguliers qu'irréguliers.

Dans ceux de ces verbes que je regarde comme réguliers, ou du moins, comme pouvant servir de modèles à d'autres verbes, j'ai pris la précaution de séparer les lettres terminatives des lettres radicales, pour vous faciliter la conjugaison des verbes semblables.

On nomme dans les verbes *lettres radicales* celles qui sont la source et la racine du sens présenté par le verbe *ri*, *pleur*, *chant*, *part*, *rest* pour offrir des verbes différents, c'est ainsi que ces lettres *ri*, *pleur*, *chant*, *part*, *rest*, placées devant *ons* forment des verbes différents ; mais tous à la première personne plurielle de l'impératif, parce qu'ils ont la terminaison qui caractérise ce mode et cette personne *rions*, *pleurons*, *chantons*, *tens, partons, restons.* Dans un verbe conjugué ces lettres radicales sont invariables dans toute son étendue.

Les lettres terminatives sont celles qui, ajoutées aux radicales, constituent par leurs variations perpétuelles les modes, les tems, les nombres et les personnes différentes, en supposant toutefois la présence indispensable des pronoms sujets comme je l'ai dit plus haut. En ajoutant aux mêmes radicales des lettres terminatives différentes, vous ne changez point de verbe ; mais vous avez des modes, des tems &c. différents : ainsi à *men* ajoutez *s, t, te, tions, tira, tis, tisses, tir, tant, ti* &c. vous aurez le verbe *mentir* à différentes parties, qu'il est inutile ici de détailler. Si les lettres terminatives changent d'un mode à un autre, d'un tems, d'un nombre, à un autre &c. elles ne changent point d'un verbe semblable à un autre, dans les mêmes parties : par exemple, *rrai* sont les lettres terminatives du futur des verbes en *ourir* ou *écrir*, comme *courir*, *acquérir*, je suis donc sûr que cette terminaison sera la même à toutes les premieres personnes singulieres des futurs des verbes semblables comme *je parcourrai, discourrai, encourrai, acquerrai* &c.

Si dans tous les verbes de la langue française les lettres terminatives étaient toujours semblables dans chacun des modes, des tems &c., nous n'aurions qu'une seule conjugaison ; c'est parce qu'il y a plusieurs manieres de terminer les mêmes modes, les mêmes tems &c. que nous sommes obligés d'admettre plusieurs conjugaisons sans compter les verbes vraiment irréguliers.

Cette distinction, et cette séparation des lettres radicales et terminatives, est très-utile dans les verbes qu'on donne pour modèles : je vais vous en expliquer l'avantage. Pour apprendre à écrire correctement tous nos verbes, on n'a pas toujours le tems d'en faire une étude approfondie et minutieuse ; une fois qu'on a de bons modèles, il suffit de savoir à quel tems, à quel mode, à quelle personne &c. est le verbe que l'on veut écrire, et en cherchant dans la conjugaison à laquelle il appartient, l'unique partie du verbe qu'on veut écrire, pour le faire correctement il suffit d'ajouter aux lettres radicales les terminatives de la partie que l'on cherche. Par exemple, vous desirez savoir comment s'écrit la premiere personne plurielle du présent du subjonctif du verbe *éteindre.* Vous cherchez ce verbe et vous trouvez que ses radicales sont *étei* à ces lettres vous ajoutez la terminaison de la partie sur laquelle vous êtes en doute *gnions* et vous en formez *éteignions.* Vous voulez écrire le verbe *accourir* à la premiere personne du subjonctif ; et votre mémoire vous rappelle confusément que les verbes de cette espèce prennent deux *r* en quelques parties ; eh bien ! pour vous en assurer, vous cherchez ce verbe, et aux radicales *accour*, vous ajoutez *e* que vous trouvez à la personnesonne et au mode dont il s'agit, et vous formez *accoure* avec un seul *r*, vous êtes dans le doute sur la manière d'écrire, *il faut que vous employez, emploiiez, employiez, emploiyez*; vous ne savez lequel prendre de ces quatre derniers, vous connaissez que les radicales de ce verbe sont *employ*, à ces lettres ajoutez les terminatives de la partie pour laquelle vous êtes en doute, c'est la seconde personne plurielle du présent du subjonctif; ces terminatives sont *iez* dans tous les verbes réguliers; alors vous aurez *employiez*.

Au reste, le besoin d'écrire correctement certaines parties difficiles des verbes, tels que ceux en *éer, uer, ouer, ier, ayer* &c. fera sans cesse connaître l'avantage de la distinction et séparation des lettres radicales et terminatives.

FORMATION DES TEMS.

Ceux qui se sont appliqués à considérer nos verbes se sont aisément aperçus que, dans presque tous, il existe une ressemblance frappante entre quelques-unes de leurs parties, de façon qu'on a pu dire que telle ou telle partie de verbe servait, presque invariablement, à former telle ou telle autre: delà sont venues les règles sur la formation des tems et la distinction de ces tems en primitifs et en dérivés.

On nomme *primitifs* ceux qui servent à en former d'autres; et *dérivés*, ceux qui sont formés des primitifs.

Les détails où je suis entré sur nos verbes et le nombre considérable de modèles que je vous ai donnés rendent en quelque sorte inutile un chapitre de cette formation des tems. Cependant, comme vous desirez que je ne neglige rien sur cette matière, je vais vous en parler.

Les parties du verbe qu'on nomme primitives sont, dans le *verbe-nom*, *l'infinitif, le gérondif, le participe*; et dans l'indicatif, *le présent* et *l'historique*.

INFINITIF.

De cette partie de verbe, on forme le futur et le conditionnel dans la plupart des verbes en changeant *r* ou *re* en *rai, ras, ra* &c. pour le futur, et en *rais, rais, rait* &c. pour le conditionnel.

Ainsi de	porter,	on forme le futur	porte..........rai,	et le conditionnel	porte..........rais,
	prier,		prie..........rai,		prie..........rais,
	avouer,		avoue..........rai,		avoue..........rais,
	commander,		commande..rai,		commande..rais,
	prendre,		prend..........rai,		prend..........rais,
	rendre,		rend..........rai,		rend..........rais.
	&c.		&c.		

Cependant, outre les verbes irréguliers, vous devez voir que ceux que je comprends dans la 6.ᵉ 7.ᵉ 10.ᵉ 11.ᵉ 12.ᵉ 13.ᵉ 14.ᵉ 15.ᵉ 16.ᵉ et 18.ᵉ conjugaison ne forment point de l'infinitif leur futur et leur conditionnel.

GÉRONDIF.

De cette partie ou forme:

1.º Les trois personnes plurielles du présent de l'indicatif en changeant *ant* en *ons*; *ez* en *ent*. Ainsi

de	*Portant*,	on forme	*nous portons, vous portez, ils portent.*
	Peignant,		*nous peignons, vous peignez, ils peignent.*
	Suivant,		*nous suivons, vous suivez, ils suivent.*
	Dormant,		*nous dormons, vous dormez, ils dorment.*
	Croissant,		*nous croissons, vous croissez, ils croissent.*

2.º Le simultané ; ou imparfait de l'indicatif, en changeant *ant* en *ais*, *ais*, *ait*, *ions* &c.

Ainsi des gérondifs ci-dessus on forme:

Je portais &c.

Je peignais &c.

Je suivais &c.

Je dormais &c.

Je croissais &c.

3.º Le présent du subjonctif en changeant *ant* en *e*, *es*, *e*, *ions*, *iez*, *ent*. Le subjonctif des verbes ci-dessus sera donc,

que je porte,

que je peigne,

que je suive,

que je dorme,

que je croisse.

Cependant les verbes de la 7.ᵉ 11.ᵉ 12.ᵉ 14.ᵉ 15.ᵉ et 27.ᵉ conjugaison ont une exception à ces règles, qui mérite d'être remarquée, parce que elle est uniforme ; la voici.

1.º Dans ces verbes, la troisième personne plurielle du présent de l'indicatif se forme en même tems du gérondif et de la troisième personne du singulier de l'indicatif en cette manière. On retranche de celle-ci toutes les consonnes finales, à moins que ce ne soit un *u*, et l'on ajoute la finale du gérondif en *y* changeant *a* en *e*, c'est-à-dire, que vous y ajoutez *rent*, *nent*, *vent*, *ent*, selon que le gérondif est terminé en *rant*, *nant*, *vant*, ou *ayant* ainsi ....

au lieu de	écrivez	en suite ajoutez	et vous aurez
acquiert,	*acquie*	*rent*	*acquierent,*
tient,	*tien*	*nent*	*tiennent,*
doit,	*doi*	*vent*	*doivent,*
asseoit,	*asseoi*	*ent*	*asseoient,*
voit,	*voi*	*ent*	*voient,*
prend,	*pren*	*nent*	*prennent.*

2.° Dans ces verbes le subjonctif se forme de cette troisième personne plurielle, à l'exception des deux premieres personnes plurielles qui, dans tous les verbes réguliers, sont toujours semblables à celles du simultané ou imparfait ainsi de

	on forme				
ils acquierent,		*que j'acquiere,*	*tu acquieres,*	*il acquiere,*	*ils acquierent,*
ils tiennent,		*que je tienne,*	*tu tiennes,*	*il tienne,*	*ils tiennent,*
ils doivent,		*que je doive,*	*tu doives,*	*il doive,*	*ils doivent,*
ils asseoient,		*que j'asseoie,*	*tu asseoies,*	*il asseoie,*	*ils asseoient.*

Mais les deux premières personnes plurielles de ces verbes au subjonctif sont

Il faut que nous		
acquérions......	*acquériez,*	
tenions..........	*teniez,*	
devions vous	*deviez,*	
asseoyions....	*asseoyiez,*	
voyions.........	*voyiez.*	

PARTICIPE.

Cette partie du verbe est considérée comme primitive, parce qu'elle concourt avec les divers auxiliaires à former tous les tems composés et sur-composés.

INDICATIF PRÉSENT.

De ce tems on forme, presque dans tous les verbes même irréguliers, l'impératif en supprimant seulement les pronoms sujets.

Je pars,	*pars,*	*je souffre,*	*souffre,*
nous partons,	*partons,*	*nous souffrons,*	*souffrons &c.*
vous partez,	*partez,*	*vous souffrez,*	*souffrez.*

RE-

REMARQUE.

D'après cette règle on voit que les verbes de la 1.re, de la 9.e et 10.e conjugaison , sont les seuls qui à l'impératif singulier, ont un *e* muet, et que dans tous les autres verbes réguliers cette seconde personne est toujours terminée en *s*. Cependant on peut observer que les règles de l'orthographe et de la prononciation demandent qu'une seconde personne d'impératif terminée en *e* muet prenne un *s* toutes les fois qu'elle est suivie d'un des pronoms *en* et *y* ; ainsi , quoiqu'on dise *donne ici, ouvre à ta mère , recueille à propos toutes ces choses* on doit dire et écrire *donnes-en , donnes-y , portes-en , portes-y , ouvres-en , ouvres-y, cueilles-en , cueilles-y* &c.

PARFAIT HISTORIQUE.

Nos parfaits historiques ont une des quatre terminaisons suivantes *ai , ins , is , us* , et nous n'avons de même aucune des terminaisons *sse*, soit du conditionnel , soit de l'imparfait du subjonctif, qui n'ait selon les variations de l'historique , une des quatre terminaisons *asse , isse , insse, usse*. On peut donc dire que l'imparfait du subjonctif se forme sans exception de la seconde personne singulière de l'historique en ajoutant *se* ainsi

tu portas,		*je portasse,*
tu vins,	on forme	*je vinsse,*
tu sentis,		*je sentisse,*
tu reçus,		*je reçusse.*

PA-

PARADIGME D'UNE GRANDE CONJUGAISON DES VERBES FRANÇAIS DÎNER. PREMIÈRE CONJUGAISON.

VERBE-NOM.	IMPÉRATIF.	SUBJONCTIF.		CONDITIONNEL.			INDICATIF.				MODES.
Ce cinquième mode a trois parties.	Ce quatrième mode n'a qu'un tems et trois personnes. L'impératif.	Ce troisième mode a deux tems.		Ce second mode a deux tems.			Ce premier mode a quatre tems qui sont,				Tems ou parties qu'ils confirment.
		L'imparfait.	Le présent.	Le conditionnel.	Le 2.e suppositif.	Le 1.er suppositif.	Le futur.	L'historique.	Le simultané.	Le présent.	I.re qualification des tems ou parties du verbe.
		Pluriel. Singulier.	Pluriel. Singulier.	Pluriel. Singulier.	Pluriel. Singulier.	Pluriel. Singulier.	Pluriel. Singulier.	Pluriel. Singulier.	Pluriel. Singulier.	Pluriel. Singulier.	Nombres.
		Il falloit que.	Il faut que.		ou que	si					

Colonne de droite — DÉNOMINATION SECONDAIRE DES TEMS, considérés sous le rapport de leur formation :

- ......Personnes.
- ......Pronoms personnels sujets.
- ......Lettres radicales.
- ......Lettres terminatives.

Simples. (Présent de l'indicatif)

1.e je dîn.e
2.e tu dîn.es
3.e il dîn.e
1.e n. dîn.ons
2.e v. dîn.ez
3.e ils dîn.ent.

Composés (avec l'auxiliaire) :

J'ai, tu as, il a, nous avons, vous avez, ils ont ...... dîné.

Sur-composés :

J'avais, tu avais, il avoit, nous avions, vous aviez, ils avoient ...... eu dîné.

VERBE-NOM :
- Infinitif............Dîn.er.
- Gérondif............Dîn.ant.
- Participe............Dîn.é.

Composés : Avoir dîné. — ayant dîné.
Sur-composés : Avoir eu dîné. — ayant eu dîné.

IMPÉRATIF (Le présent) :
2.e dîn.e
1.e dîn.ons
2.e dîn.ez.
Composés : aye...... dîné. — ayons, ayez...... dîné.
Sur-composés : eusse......, eusses......, eût...... eu dîné.

SUBJONCTIF :

L'imparfait (Il falloit que) :
1.e je dîn.asse
2.e tu dîn.asses
3.e il dîn.ât
1.e n. dîn.assions
2.e v. dîn.assiez
3.e ils dîn.assent.

Le présent (Il faut que) :
1.e je dîn.e
2.e tu dîn.es
3.e il dîn.e
1.e n. dîn.ions
2.e v. dîn.iez
3.e ils dîn.ent.

CONDITIONNEL :

Le conditionnel :
je dîn.erois, tu dîn.erois, il dîn.eroit, n. dîn.erions, v. dîn.eriez, ils dîn.eroient.

Le 2.e suppositif (ou que) :
j'eusse, tu eusses, il eût, n. eussions, v. eussiez, ils eussent ...... dîné.

Le 1.er suppositif (si) :
j'aurois, tu aurois, il auroit, n. aurions, v. auriez, ils auroient ...... dîné.

INDICATIF :

Le futur :
je dîn.erai, tu dîn.eras, il dîn.era, n. dîn.erons, v. dîn.erez, ils dîn.eront.

L'historique :
je dîn.ai, tu dîn.as, il dîn.a, n. dîn.âmes, v. dîn.âtes, ils dîn.èrent.

Le simultané :
je dîn.ois, tu dîn.ois, il dîn.oit, n. dîn.ions, v. dîn.iez, ils dîn.oient.

Le présent :
je dîn.e, tu dîn.es, il dîn.e, n. dîn.ons, v. dîn.ez, ils dîn.ent.

CONJUGAISON MOYENNE *ETRE*.

MODES.	TEMS.	Tems simples. *Ser* ou *estar.*	être.	Tems composés.		
INDICATIF.	Présent.	Soy, Estoy, eres, estás, es, está, somos, estamos, sois, estais, son. están.	Je suis, tu es, il est, nous sommes, vous êtes, ils sont.	He, has, ha, hemos, habeis, han. } sido ou *estado.*	J'ai, tu as, il a, nous avons, vous avez, ils ont. } été.
	Simultané.	Era, Estaba, eras, estabas, era, estaba, éramos, estábamos, érais, estabais, eran. estaban.	J'étais, tu étais, il était, nous étions, vous étiez, ils étaient.	Habia, habias, habia, habiamos, habiais, habian. } sido ou *estado.*	J'avais, tu avais, il avait, nous avions, vous aviez, ils avoient. } été.
	Historique.	Fui, Estuve, fuiste, estuviste, fué, estuvo, fuimos, estuvimos, fuisteis, estuvisteis, fueron. estuvieron.	Je fus, tu fus, il fut, nous fûmes, vous fûtes, ils furent.	Hubo, hubiste, hubo, hubimos, hubisteis, hubieron. } sido ou *estado.*	J'eus, tu eus, il eut, nous eûmes, vous eûtes, ils eurent. } été.
	Futur.	Seré, Estaré, serás, estarás, será, estará, serémos, estarémos, seréis, estaréis, serán. estarán.	Je serai, tu seras, il sera, nous serons, vous serez, ils seront.	Habré, habrás, habrá, habremos, habréis, habrán. } sido ou *estado.*	J'aurai, tu auras, il aura, nous aurons, vous aurez, ils auront. } été.
CONDITIONN.	Conditionnel.	Seria, Estaria, serias, estarias, seria, estaria, seriamos, estariamos, seriais, estariais, serian. estarian.	Je serais, tu serais, il serait, nous serions, vous seriez, ils seraient.	Habria, habrias, habria, habriamos, habriais, habrian. } sido ou *estado.*	J'aurais, tu aurais, il aurait, nous aurions, vous auriez, ils auraient. } été.
SUBJONCTIF.	Présent.	Sea, Esté, seas, estés, sea, esté, seamos, estemos, seais, esteis, sean. estén.	Je sois, tu sois, il soit, nous soyions, vous soyiez, ils soient.	Haya, hayas, haya, hayamos, hayais, hayan. } sido ou *estado.*	J'aye, tu ayes, il ait, nous ayions, vous ayiez, ils aient. } été.
	Imparfait.	Fuese, Estuviese, fueses, estuvieses, fuese, estuviesa, fuésemos, estuviésemos, fueseis, estuvieseis, fuesen. estuviesen.	Je fusse, tu fusses, il fût, nous fussions, vous fussiez, ils fussent.	Hubiese, hubieses, hubiese, hubiésemos, hubieseis, hubiesen. } sido ou *estado.*	J'eusse, tu eusses, il eût, nous eussions, vous eussiez, ils eussent. } été.
IMPÉRATIF.	Impératif.	Sé, Está, seamos, estemos, sed. estad.	Sois, soyons, soyez.		
VERBE-NOM.	Infinitif. { Ser, Estar, Gérondif. { siendo, estando, Participe. { sido. estado.		Etre, étant, été.	Haber............ sido ou *estado.* habiendo......... sido ou *estado.*	Avoir été, ayant été.

VERBE *Avoir* en espagnol *TENER*, c'est à dire non employé comme auxiliaire.

CONJUGAISON MOYENNE.

MODES.	TEMS.	Tems simples.		Tems composés.	
INDICATIF.	Présent.	*Yo* tengo, *tú* tienes, *aq.* tiene, *nos.* tenemos, *vos.* teneis, *aq.* tienen.	J' ai, tu as, il a, nous avons, vous avez, ils ont.	*Yo* he, *tú* has, *aq.* ha, *n.* hemos, *v.* habeis, *aq.* han. } *tenido.*	J' ai, tu as, il a, n. avons, v. avez, ils ont. } eu.
	Simultané.	*Yo* tenia, *tú* tenias, *aq.* tenia, *n.* teniamos, *v.* teniais, *aq.* tenian.	J' avais, tu avais, il avait, n. avions, v. aviez, ils avaient.	*Yo* habia, *tú* habias, *aq.* habia, *n.* habiamos, *v.* habiais, *aq.* habian. } *tenido.*	J' avais, tu avais, il avait, n. avions, v. aviez, ils avaient. } eu.
	Historique.	*Yo* tuve, *tú* tuviste, *aq.* tuvo, *n.* tuvimos, *v.* tuvisteis, *aq.* tuvieron.	J' eus, tu eus, il eut, n. eûmes, v. eûtes, ils eurent.	*Yo* hube, *tú* hubiste, *aq.* hubo, *n.* hubimos, *v.* hubisteis, *aq.* hubieron. } *tenido.*	J' eus, tu eus, il eut, n. eûmes, v. eûtes, ils eurent. } eu.
	Futur.	*Yo* tendré, *tú* tendrás, *aq.* tendrá, *n.* tendremos, *v.* tendreis, *aq.* tendrán.	J' aurai, tu auras, il aura, n. aurons, v. aurez, ils auront.	*Yo* habré, *tú* habrás, *aq.* habrá, *n.* habremos, *v.* habreis, *aq.* habrán. } *tenido.*	J' aurai, tu auras, il aura, n. aurons, v. aurez, ils auront. } eu.
CONDITIONN.	Conditionnel.	*Yo* tendria, *tú* tendrias, *aq.* tendria, *n.* tendriamos, *v.* tendriais, *aq.* tendrian.	J' aurais, tu aurais, il aurait, n. aurions, v. auriez, ils auraient.	*Yo* habria, *tú* habrias, *aq.* habria, *n.* habriamos, *v.* habriais, *aq.* habrian. } *tenido.*	J' aurais, tu aurais, il aurait, n. aurions, v. auriez, ils auraient. } eu.
SUBJONCTIF.	Présent.	*Yo* tenga, *tú* tengas, *aq.* tenga, *n.* tengamos, *v.* tengais, *aq.* tengan.	J' aye, tu ayes, il ait, n. ayions, v. ayiez, ils aient.	*Yo* haya, *tú* hayas, *aq.* haya, *n.* hayamos, *v.* hayais, *aq.* hayan. } *tenido.*	J' aye, tu ayes, il ait, n. ayions, v. ayiez, ils aient. } eu.
	Imparfait.	*Yo* tuviese, *tú* tuvieses, *aq.* tuviese, *n.* tuviésemos, *v.* tuvieseis, *aq.* tuviesen.	J' eusse, tu eusses, il eût, n. eussions, v. eussiez, ils eussent.	*Yo* hubiese, *tú* hubieses, *aq.* hubiese, *n.* hubiésemos, *v.* hubieseis, *aq.* hubiesen. } *tenido.*	J' eusse, tu eusses, il eût, n. eussions, v. eussiez, ils eussent. } eu.
IMPÉRATIF.	Impératif.	Ten, tengamos, tened.	Aye, ayons, ayez.		
VERBE-NOM.	Infinitif... *Tener,* Gérondif.. *teniendo,* Participe. *tenido.*	Avoir, ayant, eu.		*Haber tenido,* *habiendo tenido.*	Avoir eu, ayant eu.

H

TABLEAU DES AUXILIAIRES ESPAGNOLS ET FRANÇAIS.

MODES. TEMS.	Haber. Pour tous les verbes quelconques.	Premier Avoir. Servant à conjuguer la plupart des verbes français ordinaires.	Second Etre. Pour conjuguer quelques verbes neutres.	Haberse. Pour les verbes pronominaux.	Troisième S'être. Servant à conjuguer tous les verbes pronominaux.
INDICATIF — Présent.	Yo he, tú has, aquel ha, nosotros hemos, vosotros habeis, aquellos han.	J'ai, tu as, il a, nous avons, vous avez, ils ont.	Je suis, tu es, il est, nous sommes, vous êtes, ils sont.	Yo me he, tú te has, aquel se ha, nosotros nos hemos, vosotros vos habeis, aquellos se han.	Je me suis, tu t'es, il s'est, nous nous sommes, vous vous êtes, ils se sont.
INDICATIF — Simultané.	Yo habia, tú habias, aquel habia, nosotros habiamos, vosotros habiais, aquellos habian.	J'avais, tu avais, il avait, nous avions, vous aviez, ils avaient.	J'étais, tu étais, il était, nous étions, vous étiez, ils étaient.	Yo me habia, tú te habias, aquel se habia, nosotros nos habiamos, vosotros vos habiais, aquellos se habian.	Je m'étais, tu t'étais, il s'était, nous nous étions, vous vous étiez, ils s'étaient.
INDICATIF — Historique.	Yo hube, tú hubiste, aquel hubo, nosotros hubimos, vosotros hubisteis, aquellos hubieron.	J'eus, tu eus, il eut, nous eûmes, vous eûtes, ils eurent.	Je fus, tu fus, il fut, nous fûmes, vous fûtes, ils furent.	Yo me hube, tú te hubiste, aquel se hubo, nosotros nos hubimos, vosotros vos hubisteis, aquellos se hubieron.	Je me fus, tu te fus, il se fut, nous nous fûmes, vous vous fûtes, ils se furent.
INDICATIF — Futur.	Yo habré, tú habrás, aquel habrá, nosotros habremos, vosotros habreis, aquellos habrán.	J'aurai, tu auras, il aura, nous aurons, vous aurez, ils auront.	Je serai, tu seras, il sera, nous serons, vous serez, ils seront.	Yo me habré, tú te habrás, aquel se habrá, nosotros nos habremos, vosotros vos habreis, aquellos se habrán.	Je me serai, tu te seras, il se sera, nous nous serons, vous vous serez, ils se seront.
CONDITIONN. — Conditionnel.	Yo habria, tú habrias, aquel habria, nosotros habriamos, vosotros habriais, aquellos habrian.	J'aurais, tu aurais, il aurait, nous aurions, vous auriez, ils auraient.	Je serais, tu serais, il serait, nous serions, vous seriez, ils seraient.	Yo me habria, tú te habrias, aquel se habria, nosotros nos habriamos, vosotros vos habriais, aquellos se habrian.	Je me serais, tu te serais, il se serait, nous nous serions, vous vous seriez, ils se seraient.
SUBJONCTIF — Présent.	Yo haya, tú hayas, aquel haya, nosotros hayamos, vosotros hayais, aquellos hayan.	J'aye, tu ayes, il ait, nous ayions, vous ayiez, ils aient.	Je sois, tu sois, il soit, nous soyions, vous soyiez, ils soient.	Yo me haya, tú te hayas, aquel se haya, nosotros nos hayamos, vosotros vos hayais, aquellos se hayan.	Je me sois, tu te sois, il se soit, nous nous soyions, vous vous soyiez, ils se soient.
SUBJONCTIF — Imparfait.	Yo hubiese, tú hubieses, aquel hubiese, nosotros hubiésemos, vosotros hubieseis, aquellos hubiesen.	J'eusse, tu eusses, il eût, nous eussions, vous eussiez, ils eussent.	Je fusse, tu fusses, il fût, nous fussions, vous fussiez, ils fussent.	Yo me hubiese, tú te hubieses, aquel se hubiese, nosotros nos hubiésemos, vosotros vos hubieseis, aquellos se hubiesen.	Je me fusse, tu te fusses, il se fût, nous nous fussions, vous vous fussiez, ils se fussent.
IMPÉRATIF — Impératif.	[illegible]	[illegible]	[illegible]	[illegible]	[illegible]
VERBE-NOM. Infinitif. Gérondif.	Haber, habiendo.	Avoir, ayant.	Etre, étant.	Haberse, habiéndose.	S'être, s'étant.

PETITE CONJUGAISON.

Trois verbes français irréguliers de la 1.re conjugaison et trois verbes espagnols des trois conjugaisons régulieres *ar*, *er*, *ir*.

MODES	TEMS	Pronoms	1.re *ar*.	....*ler*.	2.e *er*.	......*yer*.	3.e *ir*.	......*ger*.
INDICADIF	Présent.	*To*	*llamo,*	J' appell...e.	*Barro,*	J' balay....e.	*Parto,*	Je partage......e.
		tú	*llamas,*	tu appell...es.	*barres,*	tu balay....es.	*partes,*	tu partag......es.
		aq.	*llama.*	il appell...e.	*barre,*	il balay....e.	*parte,*	il partag......e.
		n.	*llamamos,*	n. appel...ons.	*barremos,*	n. balay....ons.	*partimos,*	n. partage......ons.
		v.	*llamais,*	v. appel...ez.	*barreis,*	v. balay....ez.	*partis,*	v. partag......ez.
		aq.	*llaman.*	ils appell...ent.	*barren.*	ils balay....ent.	*parten.*	ils partage......ent.
	Simultané.	*To*	*llamaba,*	J' appel...ais.	*Barria,*	Je balay...ais.	*Partia,*	Je partage....ais.
		tú	*llamabas,*	tu appel...ais.	*barrias,*	tu balay...ais.	*partias,*	tu partage....ais.
		aq.	*llamaba,*	il appel...ait.	*barria,*	il balay...ait.	*partia,*	il partage....ait.
		n.	*llamábamos,*	n. appel...ions.	*barriamos,*	n. balay...ions.	*partiamos,*	n. partag......ions.
		v.	*llamabais,*	v. appel...iez.	*barriais,*	v. balay...iez.	*partiais,*	v. partag......iez.
		aq.	*llamaban.*	ils appel...aient.	*barrian.*	ils balay...aient.	*partian.*	ils partage...aient.
	Historique.	*To*	*llamé,*	J' appel...ai.	*Barri,*	Je balay....ai.	*Partí,*	Je partage...ai.
		tú	*llamaste,*	tu appel...as.	*barriste,*	tu balay....as.	*partiste,*	tu partage...as.
		aq.	*llamó,*	il appel...a.	*barrió,*	il balay....a.	*partió,*	il partage...a.
		n.	*llamamos,*	n. appel...âmes.	*barrimos,*	n. balay....âmes.	*partimos,*	n. partage...âmes.
		v.	*llamasteis,*	v. appel...âtes.	*barristeis,*	v. balay....âtes.	*partisteis,*	v. partage...âtes.
		aq.	*llamaron.*	ils appel...èrent.	*barrieron.*	ils balay...èrent.	*partiéron.*	ils partag......èrent.
	Futur.	*To*	*llamaré,*	J' appell...erai.	*Barreré,*	Je balai.....erai.	*Partiré,*	Je partag...erai.
		tú	*llamarás,*	tu appell...eras.	*barreréis,*	tu balai....eras.	*partirás,*	tu partag......eras.
		aq.	*llamará,*	il appell...era.	*barrerá,*	il balai.....era.	*partirá,*	il partag......era.
		n.	*llamarémos,*	n. appell...erons.	*barrerémos,*	n. balai.....erons.	*partirémos,*	n. partag......erons.
		v.	*llamaréis,*	v. appell...erez.	*barreréis,*	v. balai.....erez.	*partiréis,*	v. partag......erez.
		aq.	*llamarán.*	ils appell...eront.	*barrerán.*	ils balai.....eront.	*partirán.*	ils partag...eront.
CONDITIONN.	Conditionnel.	*To*	*llamaria,*	J' appell...erais.	*Barreria,*	Je balai....erais.	*Partiria,*	Je partag......erais.
		tú	*llamarias,*	tu appell...erais.	*barrerias,*	tu balai.....erais.	*partirias,*	tu partag......erais.
		aq.	*llamaria,*	il appell...erait.	*barreria,*	il balai.....erait.	*partiria,*	il partag......erait.
		n.	*llamariamos,*	n. appell...erions.	*barreriamos,*	n. balai....erions.	*partiriamos,*	n. partag......erions.
		v.	*llamariais,*	v. appell...eriez.	*barreriais,*	v. balai.....eriez.	*partiriais,*	v. partag......eriez.
		aq.	*llamarian.*	ils appell...eraient.	*barrerian.*	ils balai.....eraient.	*partirian.*	ils partag......eraient.
SUBJONCTIF	Présent.	*To*	*llame,*	J' appell...e.	*Barra,*	Je balai.....e.	*Parta,*	Je partag......e.
		tú	*llames,*	tu appell...es.	*barras,*	tu balai.....es.	*partas,*	tu partag......es.
		aq.	*llame,*	il appell...e.	*barra,*	il balai.....e.	*parta,*	il partag......e.
		n.	*llamemos,*	n. appel....ions.	*barramos,*	n. balay....ions.	*partamos,*	n. partag......ions.
		v.	*llameis,*	v. appel....iez.	*barrais.*	v. balay...iez.	*partais,*	v. partag......iez.
		aq.	*llamen.*	ils appell...ent.	*barran.*	ils balai.....ent.	*partan.*	ils partag......ent.
	Imparfait.	*To*	*llamase,*	J' appel...asse.	*Barriese,*	Je balay...asse.	*Partiese,*	Je partage....asse.
		tú	*llamases,*	tu appel...asses.	*barrieses,*	tu balay...asses.	*partieses,*	tu partage....asses.
		aq.	*llamase,*	il appel...ât.	*barriese,*	il balay...ât.	*partiese,*	il partage....ât.
		n.	*llamásemos,*	n. appel....assions.	*barriésemos,*	n. balay....assions.	*partiésemos,*	n. partage....assions.
		v.	*llamáseis,*	v. appel...assiez.	*barrieseis,*	v. balay...assiez.	*partieseis,*	v. partage....assiez.
		aq.	*llamasen.*	ils appel...assent.	*barriesen.*	ils balay...assent.	*partiesen.*	ils partage....assent.
IMPÉRATIF.	Impératif.		*Llama,*	Appell...e.	*Barre,*	Balai...e.	*Parte,*	Partag......e.
			llamemos,	appel....ons.	*barramos,*	balay....ons.	*partamos,*	partage....ons.
			llamad.	appel....ez.	*barred.*	balay....ez.	*partid.*	partage....ez.
VERBE-NOM.	Infinitif.		*Llamar.*	Appel....er.	*Barrer,*	Balay....er.	*Partir,*	Partag......er.
	Gérondif.		*llamando.*	appel.....ant.	*barriendo,*	balay.....ant.	*partiendo,*	partage....ant.
	Participe.		*llamado.*	appel.....é.	*barrido.*	balay.....é.	*partido.*	partag.......é.

[63]

QUELQUES OBSERVATIONS SUR LES CONJUGAISONS
précédentes.

Premier Tableau.

1.ere *Sur la grande.* Un maître ne doit point exercer ses élèves à fai-re des verbes sur cette conjugaison : elle est trop étendue, elle peut ser-vir principalement à familiariser les jeunes gens dans l'exercice de nom-mer promptement chacune des parties du verbe. D'abord on commen-ce cet exercice par les tems et en posant à l'aventure le doigt tantôt sur un tems et tantôt sur l'autre, l'élève répond quel est le tems qu'on lui montre : qu'on lui indique par exemple *Je dîne*, *J'avais dîné*, *j'aurai eu dîné*, il dira 1.º *indicatif présent*, 2.º *simultané composé*, 3.º *futur sur-composé* et ainsi du reste. On l'exerce en suite sur les différentes per-sonnes qu'on lui montre *si tu dînais*, et *nous eûmes dîné*, il répon-dra 1.º *seconde personne singulière du simultané*, 2.º *1.ere personne plurielle de l'historique composé* &c.

Lorsque l'élève est bien exercé sur ce verbe qu'il a devant les yeux, on doit lui citer quelques parties d'autres verbes et les lui faire nommer comme il l'a fait pour le verbe *dîner*. Enfin on prend un livre et en lui montrant tous les verbes qui se trouvent sous la main, il les analyse sans voir le tableau, ce dernier degré d'exercice suppose que le tableau lui est bien gravé dans la mémoire.

2.º Comme les verbes *être* et *avoir* sont, dans toutes les langues, les plus usités et les plus nécessaires, je les donne ici dans toute leur étendue. Si cependant cet ouvrage tombe entre les mains de quelques français, il est à propos que je les avertisse de la différence que vous mettez entre *ser* et *estar* que nous exprimons tous les deux par *être* et de celle qu'il y a entre *haber* et *tener* que nous rendons indifféremment par *avoir* ou par *être* auxiliaire.

Ser et estar 2.º Tableau.

1.º *Ser* s'emploie pour exprimer des choses habituelles, permanen-tes, celles qui tiennent au caractère et aux qualités essentielles des per-sonnes et des choses.

Au lieu que *estar* indique des choses passagères, accidentelles, non durables : c'est ainsi que vous dites avec *ser* : *este hombre es un borra-cho. Cet homme est un ivrogne*, et avec *estar* : *este hombre está bor-*

ra—

racho. Cet homme est ivre; de même vous dites : *es bueno, seria bueno: il est bon, il serait bon. Está bueno, estaria bueno. Il est bien portant, il se porterait bien.*

2.° *Ser* s'emploie toujours dans les phrases impersonnelles comme *il serait utile, à propos, il vaudrait mieux. Seria útil, seria á propósito, seria mejor.*

3.° *Estar* s'emploie aussi pour marquer des situations, des positions physiques, quoique permanentes et durables. *La torre está inclinada. La tour est penchée.*

Haber et *tener* 3.e Tableau.

1.° Jamais vous n'employez *haber* avec un substantif: il est toujours auxiliaire, *tu has nacido para ser feliz, tu es né pour être heureux;* enfin il doit toujours être suivi d'un participe.

2.° *Haber* s'emploie dans le sens de notre impersonnel *y avoir*; et alors, au présent de l'indicatif, au lieu de la 3.e personne singulière *ha* il fait *hai*; dans cette seule signification, il doit être précédé ou suivi d'un substantif ou d'un pronom. *Muchos hay, pocos habrá. Il y en a plusieurs, il y aura peu de personnes.*

3.° *Tener* est le verbe qu'on doit toujours employer dans le sens de posséder, et en général quand il a pour régime un substantif ou un pronom comme : *No tienen nuestros verbos terminacion alguna para expresar la voz pasiva. Nos verbes n'ont aucune terminaison pour exprimer la voix passive. Tengo que hacer, j'ai à faire ou j'ai quelque chose à faire. Tenia libros, il avait des livres.*

4.° Il est extrêmement rare de rencontrer le verbe *avoir* dans le sens de posséder, exprimé par *haber* en espagnol.

5.° *Tener* s'emploie quelquefois comme auxiliaire, c'est-à-dire avec un participe; mais alors il conserve tellement la signification de posséder que, si le verbe a un régime, le participe s'accorde avec ce régime, soit qu'il précède ou non. *Ils avaient consenti à la venue de leur fils,* littéralement *ils tenaient, ils avaient la venue de leur fils accordée. Tenian consentida la venida de su hijo.* —

Mais dans ces cas la réunion de *tener* et du participe n'indique point d'une manière formelle quel est l'auteur de l'action exprimée par le participe, il n'y a que les circonstances qui le font connaître.

Tengo escrito un papel ... escrita una carta.
Ces phrases peuvent selon les circonstances signifier.

J'ai écrit un papier ..... une lettre,
ou *J'ai un papier écrit ..... j'ai une lettre écrite.*

La

La première traduction fait entendre que c'est moi qui ai écrit, et la seconde ne le dit par toujours.

4.e Tableau.

3.e Ce tableau, qui représente les auxiliaires espagnols et français s'explique assez de lui-même ; cependant je dois en faire observer ici l'utilité particulière. En le plaçaut là , je suis dispensé dans tout le reste de l'ouvrage de faire reparaître la monotone répétition des auxiliaires. Si vous voulez conjuguer quelques-uns de nos verbes avec les tems composés, vous pouvez à côté de chaque simple placer le composé qui lui correspond, ou le mettre immédiatement sous le simple. On ne saurait trop recommander aux élèves de faire sur ce tableau le même exercice que j'ai recommandé pour la grande conjugaison. Si les noms que je donne aux tems ou parties de verbe leur déplaisent par leur nouveauté, comme *simultané, historique, verbe-nom*, il leur sera facile d'y substituer les anciennes dénominations, à chaque tems, à chaque personne, on doit supposer dans ce tableau un participe, et se demander à soi-même *quelle est cette partie de verbe*, par exemple : *tu serais parti? vous vous étiez indiqués , ils auront cru*, et on se répond, 1.e 2.e *pers. sing. du conditionnel composé*, 2.e 2.e *pers. pl. du simultané composé* ou du *plusque parfait de l'indicatif*, 3.e 3.e *pers. pl. du futur composé* et ainsi du reste.

5.e Tableau.

4.e J'ai réuni dans ces tableau trois verbes un peu irréguliers de notre première conjugaison, et trois verbes espagnols, chacun d'une conjugaison différente , afin que vous vous familiarisiez à comparer les terminaisons de vos trois conjugaisons régulières avec celles des verbes français. Mais quelques verbes de notre première conjugaison demandent de l'attention dans leur orthographe , ainsi je vous conseille d'avoir sans cesse présentes à la mémoire les réflexions suivantes.

PRINCIPES À OBSERVER SUR LES VERBES
de la première conjugaison et de quelques autres.

I.

Tous les verbes dont l'infinitif est en *er* sont de la 1ere conjugaison; en y supprimant ces deux lettres *er* il reste les lettres radicales et pour les conjuguer correctement il faut ajouter à ces radicales une des trois

I

co-

colonnes déterminatives que vous trouvez au 5.e tableau à *appel....er, balay....er, partag....er*, dans temper

Temperer, avouer, former, créer, lier &c. les radicales sont
Temper , avou , form , cré , li.

2.^e

Appeler, rappeler, amonceler, atteler, dételer, chanceler, dépuceler, ensorceler, désensorceler, écarteler, étinceler, harceler, niveler, ruisseler, renouveler, sont, selon le Dictionnaire de l'Académie, les quinze verbes qui redoublent la dernière radicale *l* toutes les fois que ce *l* est appuyé sur un *e* muet. C'est-à-dire, toutes les fois que la première lettre terminative est un *e* muet, comme on le voit pour le verbe *appeler.*

3.^e

Les neuf verbes suivans, *cacheter, décacheter, recacheter, coqueter, jeter, déjeter, rejeter, projeter* et *teter* ont la même irrégularité à l'égard du *t*, dernière terminative : ainsi, ces neuf verbes prennent deux *t* partout où vous voyez que *appeler* prend deux *l.*

4.^e

Quant aux autres verbes en *eller* ou en *eler*, en *etter* ou en *eter*, comme *interpeller, céler, endetter, acheter* &c. ils conservent dans toutes leurs parties ou les deux *l*, ou les deux *t* ou un seul, selon l'orthographe de leur infinitif.

5.^e

Dans tous les verbes de la première conjugaison, dont la dernière terminative est une consonne seule précédée d'un *e* muet ou d'un *e* fermé, on change cet *e* en *è* ouvert quand il devient pénultième, c'est-à-dire quand il précède un *e* muet final : ainsi dans les verbes terminés en *ecer, eder, eger, eler, ener, escr, eter, ever* &c. ou en *écer, éder, éger, éler, éner, éser, éter, éver* &c. on écrira *èce, ède, ège* &c. je vais pour exemple donner deux présents d'indicatif. *Je lève, tu lèves, il lève, nous levons, vous levez, ils lèvent. Je protège, tu protèges, il protège, nous protégeons, vous protégez, ils protègent.*

Voyez dans ces deux indicatifs comme les accents sont ou changés ou ôtés, et cela vous instruira parfaitement du principe.

Un peu de réflexion sur ce dernier article démontre combien est vicieuse la prononciation de certaines personnes qui, au lieu de dire *je cachète, tu empaquètes, il furète, il feuillète* prononcent *je cachte, tu empactes, il furte il feuillte* ; je sais qu'à l'infinitif on prononce *cachter,*

em-

empacter, *furter*, mais de ce qu'à l'infinitif on dit *soulver*, *ramner*, *amonçler* au lieu de *soulever*, *ramener*, *amonceler*, en conclura-t-on pour cela qu'on peut dire *je soulve*, *tu ramnes*, *il amonçle* au lieu de *je soulève*, *tu ramènes*, *il amoncèle*.

6.ᵉ

Dans les verbes en *éler* ou *eler* qui ne doublent point *l*. L'Académie change l' *é* fermé ou muet en *è* ouvert au futur et au conditionnel; ainsi elle écrit *Je cèlerai*, *tu cèleras*, *il cèlera*, *nous cèlerons*, *vous cèlerez*, *ils cèleront* et la même chose au conditionnel.

7.ᵉ

Tous les verbes dont la dernière radicale est un *y*, comme ceux en *ayer*, *eyer*, *ayer*, ont une irrégularité approchante de celle des verbes en *l* et en *ter* ci-dessus : ils changent leur *y* en *i* toutes les fois que cet *y* doit être suivi d'un *e* muet. C'est ce que vous voyez dans le verbe *balayer*.

8.ᵉ

Tous les verbes en *ger*, c'est-à-dire, ceux dont la dernière radicale est un *g*, prennent un *e* muet après ce *g* toutes les fois que la première terminative est *a* ou *o*. Vous devez bien sentir que c'est pour conserver au *g* le son doux ou le son du *J* qu'il doit avoir dans toute l'étendue de la conjugaison. Voyez le verbe *partager*.

9.ᵉ

Par une raison semblable, c'est-à-dire, pour conserver au *c* la prononciation du *s* dans tous les verbes en *cer*, comme *forcer*, *commercer*, *menacer* &c. cette radicale prend la cédille toutes les fois que la première terminative est *a* ou *o* ; ou si vous aimez mieux, il prend la cédille partout où le verbe *partager* prend un *e* muet après le *g*.

10.ᵉ

Ce principe s'étend aux verbes de la conjugaison en *evoir* terminés en *cevoir*, comme *recevoir*, *percevoir* &c. dans lesquels le *c* est cédillé quand il se trouve devant *o* et *u* ainsi on écrit *je reçois*, *j'ai reçu* et ainsi des autres.

11.ᵉ

On doit bien se pénétrer que dans tous les verbes où il se rencontre un *i* ou *y* avant *ons*, *ez*, de l'indicatif, la prononciation et l'orthographe mettent toujours une différence sensible entre la première, la seconde personne plurielle. du présent de l'indicatif ou de l'impératif, et les mê-

mes

mes personnes du simultané, ou du subjonctif. Cette remarque n'est point particulière aux verbes de la première conjugaison : elle s'étend à tous ceux qui à l'indicatif font *nous ...yons* ou *ions*, vous *yez* ou *iez*, comme *nous voyons, vous croyez, nous plions, vous criez*. On doit bien se persuader que les lettres qui caractérisent les finales du subjonctif et du simultané sont toujours *ions, iez* et que le redoublement de l'*i* est nécessaire alors, pour caractériser ces deux tems, et les distinguer de l'indicatif ou de l'impératif. En voici quelques exemples où je compare des impératifs avec des subjonctifs.

IMPÉRATIF.		SUBJONCTIF.	
Voyons, voyez,		*n. voyions,*	*v. voyiez.*
essayons, essayez,		*n. essayions,*	*v. essayiez.*
veillons, veillez,		*n. veillions,*	*v. veilliez.*
plions, pliez,	*il faut que*	*n. pliions,*	*v. pliiez.*
rions, riez,		*n. riions,*	*v. riiez.*
peignons, peignez,		*n. peignions,*	*v. peigniez.*
soyons, soyez,		*n. soyions,*	*v. soyiez.*
ayons, ayez.		*n. ayions,*	*v. ayiez.*

Je conviens que plusieurs, et l'Académie même, écrivent ces deux derniers au subjonctif sans *i* il faut que *n. soyons, v. soyez ; n. ayons, v. ayez*; mais je sais que plusieurs bons auteurs et plusieurs grammairiens écrivent comme moi. Je suis le sentiment de ces derniers, persuadé que l'usage met une aussi grande différence entre la prononciation de *soyons, soyez* et de *soyions, soyiez* qu'il en met entre celle de *croyons* et *croyions* et surtout celle de *croyez, croyiez* : dans *ayions, soyions*, l'usage et le besoin de faire entendre le subjonctif nous forcent malgré nous à faire sentir l'*i*, à appuyer dessus ; et dans *soyiez* et *ayiez*, non seulement on appuie sur l'*i*, mais au lieu d'un *é* fermé notre oreille entend, comme dans *voyiez, croyiez* un *è* ouvert bref, cet *è* enfin que nous entendons dans *amitiè, pitiè, premier*. Ainsi selon moi si *soyez, voyez, croyez, ayez,* riment pour l'oreille avec *envoyé, ondoyé, déployé*, je dis que *soyiez, ayiez,* de même que *voyiez, croyiez,* riment avec *le noyer, grand-voyer, le loyer, foyer,* qui sont bien différents des premiers.

12.^e

Les verbes en *éer, ouer, uer,* sont sujets au principe ci-dessus ainsi à l'indicatif ils ont   et au subjonctif.

n. jouons,	*v. jouez.*		*n. jouions,*	*v. jouiez.*
n. agréons,	*v. agréez.*		*n. agréions,*	*v. agréiez.*
n. tuons,	*v. tuez.*		*n. tuions,*	*v. tuiez.*

Mais

Mais ces derniers, aussi bien que ceux en *ier* et *ayer*, *eyer*, *oyer*, présentent une autre difficulté pour les commençants qui écrivent quelquefois *je lourai*, *je prirai*, *j'essairai* &c. On peut dire que dans tous les verbes de la premiere conjugaison il faut toujours un *e* muet avant le *r* du futur et du conditionnel. Ainsi à ces deux tems on doit toujours écrire *je jouerai*, *je jouerais*, *j'agréerai*, *j'agréerais*, *je créerai*, *je créerais*, *je contribuerai*, *je contribuerais*, *j'emploierai*, *il grasseierai*, *il paierait*, *il plancheierait* &c.

13.ᵉ

Les verbes en *ure*, comme *conclure*, *exclure*, ne doivent point être confondus pour ce principe avec les verbes en *uer*, ainsi on ne doit pas confondre, comme le font quelquefois les jeunes gens, *tu en concluerais*, *il excluera* on doit écrire *je conclurai*, *conclurais*, *exclurai*, *exclurais* &c. parce que ces verbes forment régulièrement leurs futurs et leurs conditionnels et qu'à l'infinitif ils ne font point *concluer*, *excluer*.

14.

Dans nos verbes en *guer* nous conservons cet *u* dans toute l'étendue du verbe, quoique devant *a* et *o* il devienne inutile pour donner au *g* le son dur ; dans *je brigue*, *ils briguèrent*, *tu brigueras* &c. il est nécessaire ; mais dans *briguant*, *n. briguons*, *il brigua* &c. il est superflu: cependant on ne doit point l'omettre, c'est une chose convenue. C'est par là principalement que l'on distingue les substantifs ou adjectifs, *brigand*, *intrigant*, *extravagant*, *fringant*, *fatigant* &c. &c. des gérondifs *briguant*, *intriguant*, *extravaguant*, *fringuant*, *fatiguant*.

Les verbes *envoyer*, *renvoyer* et *aller* sont les trois verbes de la premiere conjugaison qui soient irréguliers.

Les deux premiers ont leur futur et leur conditionnel absolument comme le verbe, *voir*. *J'enverrai*, *j'enverrais* ; *je renverrai*, *je renverrais*. Voyez *voir* page 86 le reste comme *balayer*.

Comme le verbe *aller* est très irrégulier, je vais vous le donner en entier et l'espagnol à côté.

IR ET *ALLER* IRRÉGULIERS DANS LES DEUX LANGUES.

INDICATIF PRÉSENT.		CONDITIONNEL PRÉSENT.	
Voy,	Je vais *ou* vas,	*Iria,*	J'irais,
vas,	tu vas,	*irias,*	tu irais,
va,	il va,	*iria,*	il irait,
vamos,	n. allons,	*iriamos,*	n. irions,
vais,	v. allez,	*iriais,*	v. iriez,
van.	ils vont.	*irian.*	ils iraient.

SIMULTANÉ OU IMPARFAIT.		SUBJONCTIF PRÉSENT.	
Iba,	J'allais,	*Vaya,*	J'aille,
ibas,	tu allais,	*vayas,*	tu ailles,
iba,	il allait,	*vaya,*	il aille,
ibamos,	n. allions,	*vayamos,*	n. allions,
ibais,	v. alliez,	*vayais,*	v. alliez,
iban.	ils allaient.	*vayan.*	ils aillent.

HISTORIQUE OU PARFAIT DÉFINI.		IMPARFAIT DU SUBJONCTIF.	
Fui,	J'allai,	*Fuese,*	J'allasse,
fuiste,	tu allas,	*fueses,*	tu allasses,
fué,	il alla,	*fuese,*	il allât,
fuimos,	n. allâmes,	*fuésemos,*	n. allassions,
fuisteis,	v. allâtes,	*fueseis,*	v. allassiez,
fueron.	ils allèrent.	*fuesen.*	ils allassent.

FUTUR SIMPLE OU ABSOLU.		IMPÉRATIF.	
Iré,	J'irai,		
irás,	tu iras,	*Ve,*	Va *et quelquefois* vas,
irá,	il ira,		
iremos,	n. irons,	*vamos,*	allons,
ireis,	v. irez,	*id.*	allez.
iran.	ils iront.		

VERBE-NOM OU INFINITIF.

INFINITIF.		GÉRONDIF.		PARTICIPE.	
Ir,	Aller.	*Yendo,*	Allant.	*Ido,*	Allé.

Ce

Ce verbe prend *être* aux tems composés.

On le conjugue aussi comme pronominal ; mais alors il prend le pronom *en* que l'on place toujours immédiatement après le second pronom en cette sorte *je m'en , tu t'en , il s'en , nous nous en , vous vous en , ils s'en* ; et si le verbe a le tour interrogatif *m'en , t'en , nous en , vous en , s'en*, précèdent le verbe et les pronoms sujets viennent après en cette forme *m'en vais-je , t'en vas-tu , s'en va-t-il , nous en allons-nous* &c.

On trouve dans quelques Grammaires l'impératif de ce verbe écrit comme il suit *va-t-en* ; mais c'est une faute le *t* est le pronom , et comme on écrit *t'en vas-tu* avec apostrophe on doit de même écrire *va-t'en.*

L'impératif *va* prend un *s* quand il est suivi de *y*, comme *vas-y* ; *vas-y leur donner à manger, vas-y lui imposer silence, vas-y l'allumer, vas-y les tranquilliser.* Je cite ces derniers exemples pour démontrer que *va*, même suivi d'un infinitif, prend *s* ; pour écrire *va y*, il faut que cet infinitif suive immédiatement, comme *va y porter la paix.* On sent bien qu'il serait ridicule de dire indifféremment *ta maison est en désordre va y porter la paix* ou *va y la remettre en paix , va y lui rendre le repos.*

On peut dire, quand *va y* est suivi immédiatement d'un infinitif, l'adverbe *y* modifié cet infinitif, le détermine et lui appartient : voilà pourquoi en prononçant *va y mettre ordre*, on fait ou du moins on peut faire une légère pause après *va*, comme si l'on disait *vas .... y mettre ordre* ; mais si l'infinitif est précédé d'un pronom ou d'une préposition, alors *y* appartient à *va* et la pause ne peut plus se faire qu'entre *y* et l'infinitif en cette sorte *vas-y .... la remettre en paix , vas-y .... lui rendre le repos, vas-y .... pour tranquilliser tout le monde* (1).

La

(1) "En français le verbe *être* s'emploie souvent dans le sens d'être arrivé , d'être rendu dans un endroit, après un voyage fini ; c'est ainsi qu'on dit : *J'espere être à Madrid pour le 10. Je serai à Paris pour le 15. Il est au Ferol depuis le 14. Sans cet accident nous serions actuellement à Cadix* &c.

Il signifie aussi exister , vivre , demeurer , habiter dans quelque lieu , après qu'on est parti d'un autre ; c'est dans ce sens qu'on dit *Madame n'est plus ici , elle est à Paris depuis deux mois. Il était à Lion à cette époque. Nous serons tout l'été à la campagne* &c. Il a par conséquent ce même sens aux tems composés : *Avez-vous été à Paris ? Il avait d'abord été à Lion. Nous aurions été à la campagne tout l'été , si* &c. *quand une fois il aura été sur la mer, il saura combien est rude le métier de marin* &c. Il est essentiel de bien comprendre que dans ces deux sens particuliers du verbe *être* , il suppose necessairement comme anterieures les actions *d'aller, de partir.* De là est venu que le verbe *être*, en vertu de ce trope qui consiste à prendre l'effet pour la cause , s'emploie au parfait defini dans le sens *d'aller* : c'est ainsi que l'on dit : *J'allai* ou *je fus , je m'en allai* ou *je m'en fus.* Toutes ces raisons ont fait croire à presque tous nos grammairiens que le verbe *aller* a deux parfaits definis, et deux sortes de tems composés ; mais je crois que c'est une erreur.

1.° Quand un verbe se conjugue différemment à quelques-unes de ses parties , si c'est

le

La conjugaison suivante a deux irrégularités. *Fleurir*, dans le sens propre est régulier ; au figuré, en parlant des empires, du commerce, des arts, des lettres &c. il fait au gérondif *florissant*, et au simultané *florissait* : le commerce *florissait*, les arts *florissaient* &c. le reste du verbe comme dans le sens propre.

Haïr est de deux syllabes ; *haïr* n'est que d'une syllabe au singulier du présent de l'indicatif et à la seconde personne du singulier de l'impératif.

2.ᵉ Con-

le même verbe, ces parties doivent être absolument synonymes ; et si elles ne le sont point, c'est que ce sont des verbes différents : cela posé, nous pouvons dire qu'*aller* et *pouvoir* ont deux premières pers. sing. au présent de l'indicatif : *Je vais* ou *je vas*, *je peux* ou *je puis* sont synonymes ; mais il n'en est pas de même de *J'ai été* et de *je suis allé* : tous les grammairiens s'appliquent à nous démontrer la différence que l'usage établit entre ces deux expressions. Notre Académie est la seule autorité qui dise que le verbe *être* est synonyme d'*aller*, quand ce premier se conjugue avec *avoir* ; mais je regarde cette petite erreur, comme une négligence de rédaction, puisque dans les exemples qu'elle cite, elle explique les sens différents que présentent ces expressions différentes.

2.° Les différences qu'il y a entre *Je vais* ou *je vas*, *je puis* ou *je peux*, *je m'asseoirai*, *je m'asseirai* ou *je m'assiérai* sont trop peu de chose, pour qu'on puisse dire que ce sont des verbes différents ; mais la différence dans le matériel de *Je suis allé* et de *j'ai été* est sensiblement trop grande pour dire que ce soit une variation du même verbe.

3.° Quand même un verbe dans toutes ses parties serait absolument semblable à un autre verbe d'un sens différent, en conclurait-on que ce n'est qu'un seul et même verbe ? non sans doute : un grammairien rougirait, par exemple, de dire que *voler*, comme font les oiseaux ; et *voler* comme le font les voleurs, est le même verbe. Que doit-on dire, à plus forte raison de *être* et d'*aller*, qui sont si différents pour le sens, et pour la forme ?

4.° Quand même deux verbes seraient synonymes ou auraient quelques parties telles, s'il est évident qu'ils sont différents, qu'ils n'ont point la même conjugaison, pourra-t-on conclure de cette synonymie que c'est le même verbe ? que dirait-on par exemple d'un grammairien qui prétendrait, que *pouvoir* fait à l'indicatif *Je saurais* ; et qui soutiendrait son opinion, en alléguant qu'il y a presque synonymie, entre *il ne peut* et *il ne saurait*.

Tout considéré, je crois pouvoir conclure que le verbe *aller* n'a qu'un parfait défini, qui est *j'allai*, *tu allas* &c. qu'il n'a qu'une sorte de tems composés *Je suis allé*, *je serai allé* &c. Et que, si *être* s'emploie dans un sens approché d'*aller*, c'est par extension ; enfin, c'est parce qu'on l'emploie dans l'un des sens dont j'ai parlé plus haut, sens bien différents de celui que présente *aller* : *nous sommes allés à la campagne*, cela affirme que nous y sommes encore ; *nous avons été à la campagne* cela dit que nous n'y sommes plus

2.ᵉ Conjugaison.... 1.ᵉ Conjugaison, en *ir* ayant le gérondif en *issant* et le présent de l'indicatif en *is*.

Indicatif présent.	*Conditionnel présent.*
Je fin . . . . is,	Je fin . . . . irais,
tu fin . . . . is,	tu fin . . . . irais,
il fin . . . . it,	il fin . . . . irait,
n. fin . . . . issons,	n. fin . . . . irions,
v. fin . . . . issez,	v. fin . . . . iriez,
ils fin . . . . issent.	ils fin . . . . iraient.

Imparfait.	*Subjonctif présent.*
Je fin . . . . issais,	Je fin . . . . isse,
tu fin . . . . issais,	tu fin . . . . isses,
il fin . . . . issait,	que il fin . . . . isse,
n. fin . . . . issions,	n. fin . . . . issions,
v. fin . . . . issiez,	v. fin . . . . issiez,
ils fin . . . . issaient.	ils fin . . . . issent.

Parfait défini ou historique.	*Imparfait.*
Je fin . . . . is,	Je fin . . . . isse,
tu fin . . . . is,	tu fin . . . . isses,
il fin . . . . it,	que il fin . . . . ît,
n. fin . . . . îmes,	n. fin . . . . issions,
v. fin . . . . îtes,	v. fin . . . . issiez,
ils fin . . . . irent.	ils fin . . . . issent.

Futur simple.	*Impératif.*
Je fin . . . . irai,	
tu fin . . . . iras,	fin . . . . is,
il fin . . . . ira,	
n. fin . . . . irons,	fin . . . . issons,
v. fin . . . . irez,	fin . . . . issez.
ils fin . . . . iront.	

INFINITIF.

Présent.	*Gérondif.*	*Participe.*
Fin . . . . ir,	fin . . . . issant,	fin . . . . i.

On conjugue sur ce verbe tous ceux dont le gérondif est en *issant* et le présent de l'indicatif en *is*, ou pour mieux dire tous les verbes en *ir*, qui ne seront point indiqués dans les conjugaisons suivantes.

K

3.ᵉ Conjugaison. 2.ᵉ Conj. en *ir* .... *tir*.

Indicatif présent.	*Conditionnel présent.*
Je men .... s,	Je men .... tirais,
tu men .... s,	tu men .... tirais,
il men .... t,	il men .... tirait,
n. men .... tons,	n. men .... tirions,
v. men .... tez,	v. men .... tiriez,
ils men .... tent.	ils men .... tiraient.

Imparfait.	*Subjonctif présent.*
Je men .... tais,	Je men .... te,
tu men .... tais,	tu men .... tes,
il men .... tait,	que il men .... te,
n. men .... tions,	n. men .... tions,
v. men .... tiez,	v. men .... tiez,
ils men .... taient.	ils men .... tent.

Parfait défini.	*Imparfait.*
Je men .... tis,	Je men .... tisse,
tu men .... tis,	tu men .... tisses,
il men .... tit,	que il men .... tît,
n. men .... tîmes,	n. men .... tissions,
v. men .... tîtes,	v. men .... tissiez,
ils men .... tirent.	ils men .... tissent.

Futur.	*Impératif.*
Je men .... tirai,	. . . .
tu men .... tiras,	men .... s,
il men .... tira,	. . . .
n. men .... tirons,	men .... tons.
v. men .... tirez,	men .... tez.
ils men .... tiront.	. . . .

INFINITIF.

Présent.	*Gérondif.*	*Participe.*
Men .... tir,	men .... tant,	men .... ti.

Démen..tir,	se repen..tir,	* repar..tir,	*dans le sens de* partir une 2.ᵉ fois ou de répliquér.
sentir....tir,	dépar..tir,	** ressor..tir,	*dans le sens de* sortir une seconde fois.
pressen..tir,	* par...tir,	** sort.....tir,	*dans le sens d'* aller dehors.
ressen....tir,	se dépar..tir,	Se departir.	
consen...tir,			

Tous les autres verbes en *tir* se conjuguent comme *fi-nir*, et surtout . . . .

{ *répartir*, faire une *répartition*.
  ressortir, être du *ressort* de &c.
  sortir, obtenir, *terme de palais*. }

4.e Conjugaison. 3.e en *ir* .... *mir*. | 5.e Conjugaison. 4.e en *ir* .... *vir*.

Indic. présent.	*Condit. présent.*	*Indic. présent.*	*Condit. présent.*
Je dor...s,	Je dor...mirais,	Je ser....s,	Je ser....virais,
tu dor...s,	tu dor...mirais,	tu ser....s,	tu ser....virais,
il dor...t,	il dor...mirait,	il ser....t,	il ser....virait,
n. dor...mons,	n. dor...mirions,	n. ser....vons,	n. ser....virions,
v. dor...mez,	v. dor...miriez,	v. ser....vez,	v. ser....viriez,
ils dor...ment.	ils dor...miraient.	ils ser....vent.	ils ser....viraient.

Imparf. de l'indic.	*Subj. présent.*	*Imparf. de l'indic.*	*Subj. présent.*
Je dor...mais,	Je dor...me,	Je ser....vais,	Je ser....ve,
tu dor....mais,	tu dor...mes,	tu ser....vais,	tu ser....ves,
il dor...mait,	il dor...me,	il ser....vait,	il ser....ve,
n. dor...mions, que	n. dor...mions,	n. ser....vions, que	n. ser....vions,
v. dor...miez,	v. dor...miez,	v. ser....viez,	v. ser....viez,
ils dor...maient.	ils dor...ment.	ils ser....vaient.	ils ser....vent.

Parfait défini d'id.	*Imparf. du subj.*	*Parfait défini d'id.*	*Imparf. du subj.*
Je dor...mis,	Je dor...misse,	Je ser vis,	Je ser visse,
tu dor...mis,	tu dor...misses,	tu ser vis,	tu ser visses,
il dor...mit,	il dor...mît,	il ser vit,	il ser vît,
n. dor...mîmes, que	n. dor...missions,	n. ser vîmes, que	n. ser vissions,
v. dor...mîtes,	v. dor...missiez,	v. ser vîtes,	v. ser vissiez,
ils dor...mirent.	ils dor...missent.	ils ser virent.	ils ser vissent.

Futur de l'ind.	*Impératif.*	*Futur de l'ind.*	*Impératif.*
Je dor...mirai,	. . . .	Je ser....virai,	. . . .
tu dor...miras,	dor...s,	tu ser....viras,	ser....s,
il dor...mira,	. . . .	il ser....vira,	. . . .
n. dor...mirons,	dor...mons,	n. ser... virons,	ser....vons,
v. dor...mirez,	dor...mez.	v. ser....virez,	ser....vez.
ils dor...miront.	. . . .	ils ser....viront.	. . . .

INFINITIF.

Présent.	*Gérondif.*	*Participe.*	*Présent.*	*Gérondif.*	*Participe.*
Dor...mir,	dor...mant,	dor...mi.	Ser...vir,	ser...vant,	ser...vi.

Endor . . . . . mir,	Desser . . . . vir,
s'endor . . . . . mir,	resser . . . . . vir,
rendor . . . . . mir,	messer . . . . vir.
se rendor . . . mir,	
desendor . . . mir.	

Asservir se conjugue comme *finir*.

6.ᵉ Conjugaison. 5.ᵉ en *ir....rir* ou mieux *ir.*

Indicatif présent.

Je cour.....s,
tu cour.....s,
il cour.....t,
n. cour.....ons,
v. cour.....ez,
ils cour.....ent.

Conditionnel présent.

Je cour.....rais,
tu cour.....rais,
il cour.....rait,
n. cour.....rions,
v. cour.....riez,
ils cour.....raient.

Imparfait de l' indicatif.

Je cour.....ais,
tu cour.....ais,
il cour.....ait,
n. cour.....ions,
v. cour.....iez,
ils cour.....aient.

Subjonctif présent.

que {
Je cour.....e,
tu cour.....es,
il cour.....e,
n. cour.....ions,
v. cour.....iez,
ils cour.....ent.

Parfait défini ind.

Je cour.....us,
tu cour.....us,
il cour.....ut,
n. cour.....ûmes,
v. cour.....ûtes,
ils cour.....urent.

Imparfait du subj.

que {
Je cour.....usse,
tu cour.....usses,
il cour.....ût,
n. cour.....ussions,
v. cour.....ussiez,
ils cour.....ussent.

Futur de l' ind.

Je cour.....rai,
tu cour.....ras,
il cour.....ra,
n. cour.....rons,
v. cour.....rez,
ils cour.....ront.

Impératif.

....
cour.....s,
....
cour.....rons,
cour.....rez.
....

INFINITIF.

Présent.

Cour.....ir,

Gérondif.

cour.....ant,

Participe.

cour.....u.

Accour.....ir,
concour.....ir,
discour.....ir,
encour.....ir,
parcour.....ir,
recour.....ir,
secour.....ir.

N.ᵃ On prononce fortement les deux *rr* du futur et du conditionnel de tous ces verbes.

7.ᵉ Conjugaison, 6.ᵉ en *ir*, *érir*.

Indicatif présent.	*Conditionnel présent.*
J' acqu....iers,	J' acqu....errais,
tu acqu....iers,	tu acqu....errais,
il acqu....iert,	il acqu....errait,
n. acqu....érons,	n. acqu....errions,
v. acqu....érez,	v. acqu....erriez,
ils acqu....ièrent.	ils acqu....erraient.

Imparfait de l'indicatif.	*Subjonctif présent.*
J' acqu....érais,	J' acqu....ière,
tu acqu....erais,	tu acqu....ières,
il acqu....érait,	il acqu....ière,
n. acqu....erions,	n. acqu....érions,
v. acqu....ériez,	v. acqu....ériez,
ils acqu....éraient.	ils acqu....ièrent.

Parfait défini de l'ind.	*Imparfait du subj.*
J' acqu....is,	J' acqu....isse,
tu acqu....is,	tu acqu....isses,
il acqu....it,	il acqu....ît,
n. acqu....îmes,	n. acqu....issions,
v. acqu....îtes,	v. acqu....issiez,
ils acqu....irent.	ils acqu....issent.

Futur de l'ind.	*Impératif.*
J' acqu....errai,	....
tu acqu....erras,	acqu....iers,
il acqu....erras,	....
n. acqu....errons,	acqu....érons,
v. acqu....errez,	acqu....erez.
ils acqu....erront.	....

INFINITIF.

Présent.	*Gérondif.*	*Participe.*
Acqu....érir,	acqu....érant,	acqu....is.

Enqu.....érir,
requ.....érir,
conqu.....érir,
reconqu.....érir.

N.ᵃ 1.° On prononce fortement les deux *rr* du futur et du conditionnel de tous ces verbes.

2.° Ceux ci et ceux qui se conjuguent comme *courir* sont les seuls verbes où l'on fasse sentir les deux *rr*.

8.ᵉ Conjugaison. 7.ᵉ en ir... étir. | **9.ᵉ Conjugaison. 8.ᵉ en ir.... rir.**

Indic. présent.	*Condit. présent.*	*Indic. présent.*	*Condit. présent.*
Je vê....ts,	Je vê...tirais,	J' ouv...re,	J' ouv....rirais,
tu vê....ts,	tu vê...tirais,	tu ouv...res,	tu ouv....rirais,
il vê....t,	il vê...tirait,	il ouv...re,	il ouv....rirait,
n. vê....tons,	n. vê...tirions,	n. ouv....rons,	n. ouv....ririons,
v. vê....tez,	v. vê...tiriez,	v. ouv...rez,	v. ouv....ririez,
ils vê....tent.	ils vê...tiroient.	ils ouv....rent.	ils ouv....riraient.

Imparf. de l' ind.	*Subj. présent.*	*Imparf. de l'ind.*	*Subj. présent.*
Je vê....tais,	Je vê...te,	J' ouv....rais,	J'ouv re,
tu vê....tais,	tu vê...tes,	tu ouv....rais,	tu ouv rès,
il vê....tait,	il vê...tent,	il ouv....rait,	il ouv re,
n. vê....tions,	n. vê...tions,	n. ouv....rions,	n. ouv rions,
v. vê....tiez,	v. vê...tiez,	v. ouv....riez,	v. ouv riez,
ils ve....taient.	ils vê...tent.	ils ouv....raient.	ils ouv rent.

(*que*)

Parfait défini.	*Imparf. du subj.*	*Parfait défini ind.*	*Imparf. du subj.*
Je vê....tis,	Je vê...tisse,	J' ouv....ris,	J' ouv....risse,
tu vê....tis,	tu vê...tisses,	tu ouv...ris,	tu ouv....risses,
il vê....tit,	il vê...tît,	il ouv....rit,	il ouv....rît,
n. vê....tîmes,	n. vê...tissions,	n. ouv....rîmes,	n. ouv....rission,
v. vê....tîtes,	v. vê...tissiez,	v. ouv....rîtes,	v. ouv....rissiez,
ils vê...tirent.	ils vê...tissent.	ils ouv....rirent.	ils ouv....rissent.

(*que*)

Futur de l' ind.	*Impératif.*	*Futur indic.*	*Impératif.*
Je vê....tirai,		J' ouv....rirai,	
tu vê....tiras,	vê...ts,	tu ouv....riras,	ouv....re,
il vê....tira,		il ouv....rira,	
n. vê....tirons,	vê...tons,	n. ouv....rirons,	ouv....rons,
v. vê....tirez,	vê...tez,	v. ouv....rirez,	ouv....rez.
ils vê....tiront.		ils ouv....riront.	

INFINITIF. | **INFINITIF.**

Présent.	*Gérondif.*	*Participe.*	*Présent.*	*Gérondif.*	*Participe.*
Vê....tir,	vê...tant,	vê....tu,	Ouv....rir,	ouv....rant,	ouv....ert.

Devê.....tir,		Entr'ouv...rir,	recouv.....rir,
revê.....tir,		rouv.......rir,	off........rir,
survê....tir.		couv.......rir,	mésoff.....rir,
		découv.....rir,	souff......rir.

10. Conjugaison en *ir* *illir.*

Indicatif présent.		*Conditionnel présent.*
Je bou .... s,		Je bou .... illirais,
tu bou .... s,		tu bou .... illirais,
il bou .... t,		il bou .... illirait,
n. bou .... illons,		n. bou .... illirions,
v. bou .... illez,		v. bou .... illiriez,
ils bou .... illent.		ils bou .... illiraient.

Imparfait de l'indicatif.			*Subjonctif présent.*
Je bou .... illais,		Je bou .... ille,	
tu bou .... illais,		tu bou .... illes,	
il bou .... illait,	que	il bou .... ille,	
n. bou .... illions,		n. bou .... illions,	
v. bou .... illiez,		v. bou .... illiez,	
ils bou .... illaient.		ils bou .... illent.	

Parfait défini.			*Imparfait du subj.*
Je bou .... illis,		Je bou .... illisse,	
tu bou .... illis,		tu bou .... illisses,	
il bou .... illit,	que	il bou .... illît,	
n. bou .... illîmes,		n. bou .... illissions,	
v. bou .... illîtes,		v. bou .... illissiez,	
ils bou .... illirent.		ils bou .... illissent.	

Futur.		*Impératif.*
Je bou .... illirai,		
tu bou .... illiras,	bou .... s,
il bou .... illira,	
n. bou .... illirons,	bou .... illons,
v. bou .... illirez,	bou .... illez.
ils bou .... illiront.	

INFINITIF.

Présent.	*Gérondif.*	*Participe.*
Bou .... illir,	bou .... illant,	bou .... illi.

Débou ...... illir,
ébou ...... illir,
rebou ...... illir.

Assaillir et *tressaillir* qui se conjugue comme *cueillir* ont leur futur et leur conditionnel comme *bouillir*, en *illirai, illirais.*

10.ᵉ Conjugaison. 9.ᵉ en *ir* ... *illir*.

Indicatif présent.

Je cueill . . . . e,
tu cueill . . . . es,
il cueill . . . . e,
n. cueill . . . . ons,
v. cueill . . . . ez,
ils cueill . . . . ent.

Conditionnel présent.

Je cueill . . . . erais,
tu cueill . . . . erais,
il cueill . . . . erait,
n. cueill . . . . erions,
v. cueill . . . . eriez,
ils cueill . . . . eraient.

Imparfait de l'indicatif.

Je cueill . . . . ais,
tu cueill . . . . ais,
il cueill . . . . ait,
n. cueill . . . . ions,
v. cueill . . . . iez,
ils cueill . . . . aient.

Subjonctif présent.

que {
Je cueill . . . . e,
tu cueill . . . . es,
il cueill . . . . e,
n. cueill . . . . ions,
v. cueill . . . . iez,
ils cueill . . . . ent.
}

Parfait défini.

Je cueill . . . . is,
tu cueill . . . . is,
il cueill . . . . it,
n. cueill . . . . îmes,
v. cueill . . . . îtes,
ils cueill . . . . irent.

Imparfait du subj.

que {
Je cueill . . . . isse,
tu cueill . . . . isses,
il cueill . . . . ît,
n. cueill . . . . issions,
v. cueill . . . . issiez,
ils cueill . . . . issent.
}

Futur de l'ind.

Je cueill . . . . erai,
tu cueill . . . . eras,
il cueill . . . . era,
n. cueill . . . . erons,
v. cueill . . . . erez,
ils cueill . . . . eront.

Impératif.

. . . .
cueill . . . . e.
. . . .
cueill . . . . ons,
cueill . . . . ez.
. . . .

INFINITIF.

Présent.

Cueill . . . . ir,

Gérondif.

cueill . . . . ant,

Participe.

cueill . . . . i.

Accueill . . . . . ir, assaill . . . . ir, } Ces deux derniers ont leur futur
recueill . . . . . . ir, tressaill . . . . . . ir. } et leur conditionnel comme *bouillir*.

Faillir et *rejaillir* quoique terminés en *illir* se conjuguent comme *finir*.

11.ᵉ Conjugaison. 10.ᵉ en *ir* .... *enir*.

Indicatif présent.

Je t......iens,
tu t......iens,
il t......ient,
n. t......enons,
v. t......enez,
ils t......iennent.

Imparfait de l'ind.

Je t......enais,
tu t......enais,
il t......enait,
n. t......enions,
v. t......eniez,
ils t......enaient.

Parfait défini.

Je t   ins,
tu t   ins,
il t   int,
n. t   înmes,
v. t   întes,
ils t   inrent.

Futur.

Je t......iendrai,
tu t......iendras,
il t......iendra,
n. t......iendrons,
v. t......iendrez,
ils t......iendront.

Conditionnel présent.

Je t......iendrais,
tu t......iendrais,
il t......iendrait,
n. t......iendrions,
v. t......iendriez,
ils t......iendraient.

Subjonctif présent.

que

Je t......ienne,
tu t......iennes,
il t......ienne,
n. t......enions,
v. t......eniez,
ils t......iennent.

Imparfait du subj.

que

Je t......insse,
tu t......insses,
il t......înt,
n. t......inssions,
v. t......inssiez,
ils t......inssent.

Impératif.

. . . .
t......iens,
. . . .
t......enons,
t......enez.
. . . .

INFINITIF.

Présent.	Gérondif.	Participe.
T......enir,	t......enant,	t......enu.

S'abst.......enir,	av..........enir,	subv.........enir,
appart......enir,	* V..........enir,	surv.........enir,
maint.......enir,	* parv......enir,	contrev.....enir,
obt.........enir,	* dev.......enir,	prév........enir,
ret.........enir,	* rev.......enir,	déprév......enir,
cont.........enir,	*·* conv.....enir,	disconv.....enir,
entret.......enir,	** interv....enir,	mésav......enir,
dét.........enir,	se souv.....enir,	prov.........enir.
sout.........enir,	se ressouv...enir,	

L

12.ᵉ Conjugaison. 1.ʳᵉ en *oir* .... *evoir*.

Indicatif présent.	Conditionnel présent.
Je d......ois,	Je d......evrais,
tu d......ois,	tu d......evrais,
il d......oit,	il d......evrait,
n. d......evons,	n. d......evrions,
v. d......evez,	v. d......evriez,
ils d......oivent.	ils d......evraient.

Imparfait ind.	Subjonctif présent.
Je d......evais,	que { Je d......oive,
tu d......evais,	tu d......oives,
il d......evait,	il d......oive,
n. d......evions,	n. d......evions,
v. d......eviez,	v. d......eviez,
ils d......evaient.	ils d......oivent.

Parfait défini.	Imparfait du subj.
Je d......us,	que { Je d......usse,
tu d......us,	tu d......usses,
il d......ut,	il d......ût,
n. d......ûmes,	n. d......ussions,
v. d......ûtes,	v. d......ussiez,
ils d......urent.	ils d......ussent.

Futur.	Impératif.
Je d......evrai,	....
tu d......evras,	d......ois,
il d......evra,	....
n. d......evrons,	d......evons,
v. d......evrez,	d......eve2.
ils d......evront.	....

INFINITIF.

Présent.	Gérandif.	Participe.
D......evoir,	d......evant,	d......u.

Red.......evoir,
aperc......evoir,
conc.......evoir,
déc........evoir,
perc.......evoir,
rec........evoir.

13.ᵉ Conjugaison. 2.ᵉ en *oir* .... *aloir.*

Indicatif présent.

Je v ...... aux,
tu v ...... aux,
il v ...... aut,
n. v ...... alons,
v. v ...... alez,
ils v ...... alent.

Imparfait de l' ind.

Je v ...... alais,
tu v ...... alais,
il v ...... alait,
n. v ...... alions,
v. v ...... aliez,
ils v ...... alaient.

Parfait défini.

Je v ...... alus,
tu v ...... alus,
il v ...... alut,
n. v ...... alûmes,
v. v ...... alûtes,
ils v ...... alurent.

Futur.

Je v ...... audrai,
tu v ...... audras,
il v ...... audra,
n. v ...... audrons,
v. v ...... audrez,
ils v ...... audront.

Conditionnel présent.

Je v ...... audrais,
tu v ...... audrais,
il v ...... audrait,
n. v ...... audrions,
v. v ...... audriez,
ils v ...... audraient.

Subjonctif présent.

que {
Je v ...... aille,
tu v ...... ailles,
il v ...... aille,
n. v ...... alions,
v. v ...... aliez,
ils v ...... aillent.

Imparfait du subj.

que {
Je v ...... alusse,
tu v ...... alusses,
il v ...... alût,
n. v ...... alussions,
v. v ...... alussiez,
ils v ...... alussent.

Impératif.

. . . .
v ...... aux,
. . . .
v ...... alons,
v ...... alez.
. . . .

INFINITIF.

Présent.

V ...... aloir,

Gérondif.

v ...... alant,

équiv ...... aloir,
rev .... aloir,
prév .... aloir,
f .... alloir.

Participe.

v ...... alu.

N.ᵃ Ce dernier est impersonnel, et il conserve les deux *l* dans tous les tems où valoir n'en a qu'une.

Je donne ici le verbe *asseoir* conjugué de deux manieres : la premiere que l'usage et plusieurs Grammairiens autorisent est sans contredit la plus commode ; la seconde donnée par l'Académie est très irréguliere et fort embarrassante.

Dans la premiere je me suis permis de ne point suivre l'orthographe indiquée par les Grammairiens qui assez naturellement écrivent *eoi* avec un *e* muet parce que *asseoir* en a un à l'infinitif. Comme l'Académie écrit le verbe *surseoir* dans la plupart de ses parties sans cet *e* muet *je sursois*, *sursoyant*, *sursoyais que je sursoie* ; et qu'elle ne le conserve qu'au futur et au conditionnel comme étant formés de l'infinitif *je surseoirai*, *surseoirais*, j'ai cru devoir prendre ce dernier verbe pour modèle de l'orthographe *d'asseoir*.

14.ᵉ Conjug. 3.ᵉ en *oir* .... *eoir*. | La même.

Indic. présent.

J' ass..ois,
tu ass..ois,
il ass..oit,
n. ass..oyons,
v. ass..oyez,
ils ass..oient.

Condit. présent.

J' ass..eoirais,
tu ass..eoirais,
il ass..eoirait,
n. ass..eoirions,
v. ass..eoiriez,
ils ass..eoirient.

Imparf. ind.

J' ass..oyais,
tu ass..oyais,
il ass..oyait,
n. ass..oyions,
v. ass..oyiez,
ils ass..oyaient.

Subj. présent.

que

J' ass..oie,
tu ass..oies,
il ass..oie,
n. ass..oyions,
v. ass..oyiez,
ils ass..oient.

Parf. défini.

J' ass..is,
tu ass..is,
il ass..it,
n. ass..îmes,
v. ass..îtes,
ils ass..irent.

Imparf. subj.

que

J' ass..isse,
tu ass..isses,
il ass..ît,
n. ass..issions,
v. ass..issiez,
ils ass..issent.

Futur.

J' ass..eoirai,
tu ass..eoiras,
il ass..eoira,
n. ass..eoirons,
v. ass..eoirez,
ils ass..eoirent.

Impératif.

. . . .
ass..ois,
. . . .
ass..oyons,
ass..oyez.
. . . .

INFINITIF.

Présent.	Gérondif.	Participe.
Ass..eoir,	ass..oyant,	ass..is.

Surs.... eoir,
rass ...., eoir,
s'ass .... eoir.

prév .... oir.

Ce dernier se conjugue de même sur *asseoir*; mais il n'a nulle part l'*e* muet, première lettre terminative d'*ass....eoir*. Je prévoirai &c.

Indic. présent.

J' ass..ieds,
tu ass..ieds,
il ass..ied,
n. ass..eyons,
v. ass..eyez,
ils ass..eyent.

Condit. présent.
ou .... ou

J' ass..eyerais....iérais,
tu ass..eyerais....iérais,
il ass..eyerait...iérait,
n. ass..eyerions..iérions,
v. ass..eyeriez....iériez,
ils ass..eyeraint..iéroient.

Imparf. ind.

J' ass..eyais,
tu ass..eyais,
il ass..eyait,
n. ass..eyions,
v. ass..eyiez,
ils ass..eyaient.

Subj. présent.

que

J' ass..eye,
tu ass..eyes,
il ass..eye,
n. ass..eyions,
v. ass..eyiez,
ils ass..eyent.

Parf. défini.

J' ass..is,
tu ass..is,
il ass..it,
n. ass..îmes,
v. ass..îtes,
ils ass..irent.

Imparf. subj.

que

J' ass..isse,
tu ass..isses,
il ass..ît,
n. ass..issions,
v. ass..issiez,
ils ass..issent.

Futur.
ou .... ou

J' ass..eyerai.....iérai,
tu ass..eyeras....iéras,
il ass..eyera......iéra,
n. ass..eyerons..iérons,
v. ass..eyerez....iérez,
ils ass..eyeront..iéront.

Impératif.

. . . .
ass..ieds,
. . . .
ass..eyons,
ass..eyez.
. . . .

INFINITIF.

Présent.	Gérondif.	Participe.
Ass..eoir,	ass..eyant,	ass..is.

Seoir (être *assir*) n'a que le gérondif et le participe

rass .... eoir,
surs .... eoir.

Le Seoir (être convenable, aller bien) n'a que les troisièmes personnes, ou il s'emploie impersonnellement.

Cet habit vous sied à merveille.

Il vous siérait mal de parler de cela point de tems composés.

15.ᵉ Conjug. 4.ᵉ en *oir* *voir*.

Indic. présent.	Condit. présent.
Je v......ois,	Je v......errais,
tu v......ois,	tu v......errais,
il v......oit,	il v......errait,
n. v......oyons,	n. v......errions,
v. v......oyez,	v. v......erriez,
ils v......oient.	ils v......erraient.

Imparf. indic.	Subj. présent.
Je v......oyais,	Je v......oie,
tu v......oyais,	tu v......oies,
il v......oyait,	il v......oie,
n. v......oyions,	n. v......oyions,
v. v......oyiez,	v. v......oyiez,
ils v......oyaient.	ils v......oient.

que

Parfait défini.	Imparf. du subj.
Je v......is,	Je v......isse,
tu v......is,	tu v......isses,
il v......ît,	il v......ît,
n. v......îmes,	n. v......issions,
v. v......îtes,	v. v......issiez,
ils v......irent.	ils v......issent.

que

Futur.	Impératif.
Je v......errai,	....
tu v......erras,	v......ois,
il v......erra,	....
n. v......errons,	v......oyons,
v. v......errez,	v... .oyez.
ils v......erront.	....

INFINITIF.

Présent.	Gérondif.	Participe.
V......oir,	v......oyant,	v......u.

rev.......oir,
entrev....oir.

Ech....*oir* et déch....*oir* se conjuguent comme *voir* ; mais au parfait defini, ils ont j'échus, je déchus et par consequent à l'imparfait du subjonctif *j'échusse, je déchusse*.

Prévoir aussi comme *voir* ; mais au futur et au conditionnel il fait *prévoirai, prévoirais*.

16.ᵉ Conjug. 5.ᵉ en *oir* *ouvoir*.

Indic. présent.	Condit. présent.
Je m....eus,	Je m....ouvrais,
tu m....eus,	tu m....ouvrais,
il m....eut,	il m....ouvrait,
n. m....ouvons,	n. m....ouvrions,
v. m....ouvez,	v. m....ouvriez,
ils m....euvent.	ils m....ouvraient.

Imparf. indic.	Subj. présent.
Je m....ouvais,	Je m....euve,
tu m....ouvais,	tu m....euves,
il m....ouvait,	il m....euve,
n. m....ouvions,	n. m....ouvions,
v. m....ouviez,	v. m....ouviez,
ils m....ouvoient.	ils m....euvent.

que

Parfait défini.	Imparf. subj.
Je m....us,	Je m....usse,
tu m....us,	tu m....usses,
il m....ut,	il m....ût,
n. m....ûmes,	n. m.. .ussions,
v. m....ûtes,	v. m....ussiez,
ils m....urent.	ils m....ussent.

que

Futur.	Impératif.
Je m....ouvrai,	....
tu m....ouvras,	m....eus,
il m....ouvra,	....
n. m....ouvrons,	m....ouvons,
v. m....ouvrez,	m....ouvez.
ils m....ouvront.	....

INFINITIF.

Présent.	Gérondif.	Participe.
M....ouvoir,	m....ouvant,	m....u.

ém...... ouvoir,
dém..... ouvoir,
prom.... ouvoir.

L'impersonnel *Pleuvoir* se conjugue de même; mais il conserve *eu* partout ou *mouvoir* a *ou* en cette sorte il *pleut, il pleuvait il pleuvra, il pleuvrait, pleuvoir, pleuvant*.

17.ᵉ Conjug. 1.ᵉ en *re... aire*, et 1.ʳᵉ en *aire*.

Indic. présent.	Condit. présent.
Je t......ais,	Je t.....airais,
tu t......ais,	tu t.....airais,
il t......ait,	il t.....airait,
n. t......aisons,	n. t.....airions,
v. t......aisez,	v. t.....airiez,
ils t......aisent.	ils t.....airaient.

Imparf. de l'ind.	Subjonctif.
Je t......aisais,	Je t.....aise,
tu t......aisais,	tu t.....aises,
il t......aisait,	il t.....aise,
n. t......aisions,	que { n. t.....aisions,
v. t......aisiez,	v. t.....aisiez,
ils t......aisaient.	ils t.....aisent.

Parfait défini.	Imparf. subj.
Je t......us,	Je t.....usse,
tu t......us,	tu t.....usses,
il t......ut,	il t.....ût,
n. t......ûmes,	que { n. t.....ussions,
v. t......ûtes,	v. t.....ussiez,
ils t......urent.	ils t.....ussent.

Futur.	Impératif.
Je t airai,	
tu t airas,	t......ais,
il t aira,	
n. t airons,	t......aisons,
v. t airez,	t......aisez.
ils t airont.	

INFINITIF.

Présent.	Gérondif.	Participe.
T.....aire,	t......aisant,	t.....u.

pl........aire,
dépl........aire,
compl.....aire.

18.ᵉ Conjug. 2.ᵉ en *re.,.. aire*, et 2.ᵉ en *aire*.

Indic. présent.	Condit. présent.
Je f......ais,	Je f.....erais,
tu f......ais,	tu f.....erais,
il f......ait,	il f.....erait,
n. f......esons,	n. f.....erions,
v. f......aites,	v. f.....eriez,
ils f......ont.	ils f.....eraient.

Imparfait ind.	Subjonctif.
Je f......esais,	Je f.....asse,
tu f......esais,	tu f.....asses,
il f......esait,	il f.....asse,
n. f......esions,	que { n. f.....assions,
v. f......esiez,	v. f.....assiez,
ils f......esaient.	ils f.....assent.

Parfait défini.	Imparf. du subj.
Je f......is,	Je f.....isse,
tu f......is,	tu f.....isses,
il f......it,	il f.....ît,
n. f......îmes,	que { n. f.....issions,
v. f......îtes,	v. f.....issiez,
ils f......irent.	ils f.....issent.

Futur.	Impératif.
Je f......érai,	
tu f......éras,	f......ais,
il f......éra,	
n. f......erons,	f......esons,
v. f......érez,	f......aites.
ils f......eront.	

INFINITIF.

Présent.	Gérondif.	Participe.
F.....aire,	f.....esant,	f......ait.

déf.......aire,
ref........aire,
contref....aire,
satisf.....aire,
surf.......aire.

19.ᵉ Conjug. 3.ᵉ en *re.... aire*, 3.ᵉ en *aire*, *traire* défective.

Indicatif présent.	**Conditionnel présent.**

Je tra . . . . is,
tu tra . . . is,
il tra . . . . ît,
n. tra . . . yons,
v. tra . . . . yez,
ils tra . . . ient.

Je tra . . . . irais,
tu tra . . . . irais,
il tra . . . . irait,
n. tra . . . . irions,
v. tra . . . . iriez,
ils tra . . . . iroient.

Imparfait indic.

Je tra . . . . yais,
tu tra . . . . yais,
il tra . . . yait,
n. tra . . . . yions,
v. tra . . . yiez,
il tra . . . . yaient.

Subjonctif présent.

que

Je tra . . . . ie,
tu tra . . . . ies,
il tra . . . . ie,
n. tra . . . . yions,
v. tra . . . . yiez,
ils tra . . . . ient.

Point de parfait défini.

Point d'imparfait du subjonct.

Futur.

Je tra . . . . irai,
tu tra . . . . iras,
il tra . . . . ira,
n. tra . . . . irons,
v. tra . . . . irez,
ils tra . . . . iront.

Impératif.

tra . . . . is,

tra . . . . yons,
tra . . . . yez.

INFINITIF.

Présent.	**Gérondif.**	**Participe.**
Tr . . . . aire,	tr . . . . ayant,	tr . . . . ait.

attr . . . . . . aire,
distr . . . . . . aire,
extr . . . . . . aire,
rentr . . . . . . aire,
retr . . . . . . aire,
soustr . . . . aire.

Braire qui indique le cri de l'âne est défectif, à ce qu'on prétend : car on dit qu'il n'a que les troisièmes personnes.

Raire ou *Réer* terme devenerie n'a que les troisièmes personnes *le cerf rait* pour dire *le cerf crie*. — *Raire* (raser de très près de la peau) est vieux.

20.ᵉ Conjugaison. 4.ᵉ en re.... aître ou oître.

Indicatif présent.	Conditionnel présent.
Je cr...... ois,	Je cr...... oîtrais,
tu cr...... ois,	tu cr...... oîtrais,
il cr...... oît,	il cr...... oîtrait,
n. cr...... oissons,	n. cr...... oîtrions,
v. cr...... oissez,	v. cr...... oîtriez,
ils cr...... oissent.	ils cr...... oîtroient.

Imparfait indicatif.		Subjonctif présent.
Je cr...... oissais,		Je cr...... oisse,
tu cr...... oissais,		tu cr...... oisses,
il cr...... oissait,	que	il cr...... oisse,
n. cr...... oissions,		n. cr...... oissions,
v. cr...... oissiez,		v. cr...... oissiez,
ils cr...... oissaient.		ils cr...... oissent.

Parfait défini.		Imparfait du subjonctif.
Je cr...... us,		Je cr...... usse,
tu cr...... us,		tu cr...... usses,
il cr...... ut,	que	il cr...... ût,
n. cr...... ûmes,		n. cr...... ussions,
v. cr...... ûtes,		v. cr...... ussiez,
ils cr...... urent.		ils cr...... ussent.

Futur.	Impératif.
Je cr...... oîtrai,	
tu cr...... oîtras,	cr...... ois,
il cr...... oîtra,	
n. cr...... oîtrons,	cr...... oissons,
v. cr...... oîtrez,	cr...... oissez,
ils cr...... oîtront.	

INFINITIF.

Présent.	Gérondif.	Participe.
Cr...... oître,	cr...... oissant,	cr...... u.

accr...... oître,	appar...... oître,
décr...... oître,	dispar...... oître,
	conn...... oître,
par...... oître,	méconn...... oître,
compar...... oître,	reconn...... oître.
repar...... oître,	

N.ᵃ Ces huit derniers verbes, à commencer de *paraître* se prononcent comme *parê-tre* et non pas comme *paroître*. Voilà pourquoi ceux qui suivent l'orthographe de Voltaire, y mettent un *a* à la place de l'première lettre des terminaixes. *Je par....ais, nous par....aissons* &c. on conjugue de même *rep....aître*.

M

21.ᵉ Conjugaison. 5.ᵉ en *re.* 1.ᵉ en *ire.*

Indicatif présent.	Conditionnel présent.
Je di......s,	Je di......rais,
tu di......s,	tu di......rais,
il di......t,	il di......rait,
n. di......sóns,	n. di......rions,
v. di......ses,	v. di......riez,
ils di......sent.	ils di......raient.

Imparfait indicatif.	Subjonctif.
Je di......sais,	Je di......se,
tu di......sais,	tu di......ses,
il di......sait,	il di......se,
n. di......sions,	que n. di......sions,
v. di......siez,	v. di......siez,
ils di......saient.	ils di......sent.

Parfait défini.	Imparfait.
Je di......s,	Je di......sse,
tu di......s,	tu di......sses,
il di......t,	il di......t,
n. di......mes,	que n. di......ssions,
v. di......tes,	v. di......ssiez,
ils di......rent.	ils di......ssent.

Futur.	Impératif.
Je di......rai.	
tu di......ras,	di......s,
il di......ra,	
n. di......rons,	di......sons,
v. di......rez,	di......tes.
ils di......ront.	

INFINITIF.

Présent.	Gérondif.	Participe.
Di......re,	di......sant,	di......t.

Redi...re c'est le seul verbe que se conjugue absolument comme *dire*. Les verbes suivants

dédi...re,
confi..re,
contredi.re,
suffi..re,
interdi.re,
médi...re,
circonci.re,
prédi..re,

ont leur seconde personne plurielle du présent de l'indicatif, et par conséquent la même personne de l'impératif en *sez*.

dédi....sez,
confi...sez,
contredi.sez,
suffi...sez,
interdi..sez,
médi....sez,
circonci.sez,
prédi...sez.

Suffire ne prend point de *t* au participe qui s'écrit. *Suffi*, et *circoncire* prend *s* au lieu de *t*.

22.ᵉ Conjugaison. 6.ᵉ en *re* et 2.ᵉ en *ire*.

Indicatif présent.		Conditionnel présent.
J' écri . . . . s,		J' écri . . . . rais,
tu ecri . . . . s,		tu écri . . . . rais,
il écri . . . . t,		il écri . . . . rait,
n. écri . . . . vons,		n. écri . . . . rions,
v. écri . . . . vez,		v. écri . . . . riez,
ils écri . . . . vent.		ils écri . . . . raient.

Imparfait indic.		Subjonctif.
J' écri . . . . vais,		J' écri . . . . ve,
tu écri . . . . vais,		tu écri . . . . ves,
il écri . . . . vait,	que	il écri . . . . ve,
n. écri . . . . vions,		n. écri . . . . vions,
v. écri . . . . viez,		v. écri . . . . viez,
ils ecri . . . . vaient.		ils écri . . . . vent.

Parfait défini.		Imparfait subj.
J' écri . . . . vissais		J' écri . . . . visse,
tu écri . . . . vis,		tu écri . . . . visses,
il écri . . . . vit,	que	il écri . . . . vît,
n. écri . . . . vîmes,		n. écri . . . . vissions,
v. écri . . . . vîtes,		v. écri . . . . vissiez,
ils écri . . . . virent.		ils écri . . . . vissent.

Futur.		Impératif.
J' écri . . . . rai,		
tu écri . . . . ras,		écri . . . . s,
il écri . . . . ra,		
n. écri . . . . rons,		écri . . . . vons,
v. ecri . . . . rez,		écri . . . . vez.
ils écri . . . . ront.		

INFINITIF.

Présent.	Gérondif.	Participe.
Ecri . . . . re,	écri . . . . vant,	ecri . . . . t.

circonscri . . . . re,	proscri . . . . re,	
décri . . . . re,	récri . . . . re,	
inscri . . . . re,	souscri . . . . re,	
prescri . . . . re,	transcri . . . . re.	

23.ᵉ Conjugaison. 7.ᵉ en re et 3.ᵉ en dre, uire.

Indicatif présent.		*Conditionnel présent.*	
Je sédui . . . . s,		Je sédui . . . . rais,	
tu sédui . . . . s,		tu sédui . . . . rais,	
il sédui . . . . t,		il sédui . . . . rait,	
n. sédui . . . sons,		n. sédui . . . . rions,	
v. sédui . . . sez,		v. sédui . . . . riez,	
ils sédui . . . sent.		ils sédui . . . . raient.	

Imparfait indicatif.			*Subjonctif.*	
Je sédui . . . . sais,		Je sédui . . . . se,	
tu sedui . . . . sais,		tu sédui . . . . ses,	
il sédui . . . . sait,	que	il sédui . . . . se,	
n. sédui . . . sions,		n. sedui . . . sions,	
v. sédui . . . siez,		v. sédui . . . siez,	
ils sédui . . . saient.		ils sédui . . . sent.	

Parfait défini.			*Imparfait subj.*	
Je sédui . . . . sis,		Je sédui . . . . sisse,	
tu sédui . . . . sis,		tu sédui . . . . sisses,	
il sedui . . . . sit,	que	il sédui . . . . sît,	
n. sedui . . . sîmes,		n. sédui . . . sissions,	
v. sédui . . . sîtes,		v. sédui . . . sissiez,	
ils sédui . . . sirent.		ils sédui . . . sissent.	

Futur.		*Impératif.*	
Je sédui . . . . rai,		. . . .	
tu sédui . . . . ras,		sédui . . . . s,	
il sédui . . . . ra,		. . . .	
n. sédui . . . . rons,		sédui . . . . sons,	
v. sédui . . . . rez,		sédui . . . . sez.	
ils sédui . . . . ront.			

INFINITIF.

Présent.	*Gérondif.*	*Participe.*
Sédui . . . . re,	sédui . . . . sant,	sédui . . . . sant.

Dui . . . . . . re,	tradui . . . . re,	Les trois suivantes
condui . . . . re,	*rédui* . . . . re,	lui . . . . re,
écondui . . . re,	cui . . . . . . re,	relui . . . re,
endui . . . . re,	recui . . . . re,	nui . . . . re,
indui . . . . . re,	décui . . . . . re,	ont leurs participes *lui*, *relui*, *nui*
introdui . . . re,	détrui . . . . re,	sans le *t* terminatif.
recondui . . re,	instrui . . . . re,	
produi . . . . re,	construi . . . re.	*Duire*, être convenable, est hors d'usage il ne
rendui . . . . re,		s'employait autrefois qu'aux troisièmes personnes.

24.ᵉ Conjugaison. 18.ᵉ en *re* et 4.ᵉ en *ire*.

Indicatif présent.		*Conditionnel présent.*
Je 1....is,		Je 1....irais,
tu 1....is,		tu 1....irais,
il 1....it,		il 1....irait,
n. 1....isons,		n. 1....irions,
v. 1....isez,		v. 1....iriez,
ils 1....isent.		ils 1....iraient.

Imparfait indicatif.		*Subjonctif.*
Je 1....isais,		Je 1....ise,
tu 1....isais,		tu 1....ises,
il 1....isait,		il 1....ise,
n. 1....isions,	que	n. 1....isions,
v. 1....isiez,		v. 1....isiez,
ils 1....isaient.		ils 1....isent.

Parfait défini.		*Imparfait du subj.*
Je 1....us,		Je 1....usse,
tu 1....us,		tu 1....usses,
il 1....ut,		il 1....ût,
n. 1....ûmes,	que	n. 1....ussions,
v. 1....ûtes,		v. 1....ussiez,
ils 1....urent.		ils 1....ussent.

Futur.		*Impératif.*
Je 1....irai,		
tu 1....iras,		1....is,
il 1....ira,		
n. 1....irons,		1....isons.
v. 1....irez,		1....isez.
ils 1....iront.		

INFINITIF.

Présent.	*Gérondif.*	*Participe.*
L....ire,	1....isant.	l....u.
	Rel....ire,	
	el....iré,	
	reél....ire.	

25.ᵉ Conjugaison. 19.ᵉ en ...et... en ire.

Indicatif présent.	*Conditionnel présent.*
Je ri....s,	Je ri....rais,
tu ri....s,	tu ri....rais,
il ri....t,	il ri....rait,
n. ri....ons,	n. ri....rions,
v. ri....ez,	v. ri....riez,
ils ri....ent.	ils ri....raient.

Imparfait indicatif.	*Subjonctif présent.*
Je ri....ais,	que Je ri....e,
tu ri....ais,	tu ri....es,
il ri....ait,	il ri....e,
n. ri....ions,	n. ri....ions,
v. ri....iez,	v. ri....iez,
ils ri....aient.	ils ri....ent.

Parfait défini.	*Imparfait subj.*
Je ri....s,	que Je ri....sse,
tu ri....s,	tu ri....sses,
il ri....t,	il ri....t,
n. ri....mes,	n. ri....ssions,
v. ri....tes,	v. ri....ssiez,
ils ri....rent.	ils ri....ssent.

Futur.	*Impératif.*
Je ri....rai,	
tu ri....ras,	ri....s,
il ri....ra,	
n. ri....rons,	ri....ons,
v. ri....rez,	ri....ez.
ils ri....ront.	

INFINITIF.

Présent.	*Gérondif.*	*Participe.*
Ri....re,	ri....ant,	ri......

Souri......re.

Fuir et *s'enfuir* se conjuguent comme *rire*, mais 1.° ils n'ont point d'*e* muet à l'infinitif et 2.° suivant le principe 7.ᵉ page 67 ils changent l'*i* en *y* devant les voyelles ainsi on dit écrit *je fuis, nous fuyons, il faut que nous fuyions, ils fuient, ils fuyaient* &c. il en est de même de *refuir* terme de Vénerie.

Bruire (rendre un son sourd et confus) se conjugue comme *fuir*; mais il a un *e* muet à l'infinitif, et il n'a que les troisièmes personnes des tems simples et point de tems composés. Les vents *bruient*, *bruyaient* dans nos manœuvres.

26.ᵉ Conjug. 10.ᵉ en *re....indre.* | 27.ᵉ Conjug. 11.ᵉ en *re endre.*

26.ᵉ Conjug. 10.ᵉ en *re....indre.*

Indic. présent.

Je pei....ns,
tu pei....ns,
il pei....nt,
n. pei....gnons,
v. pei....gnez,
ils pei....gnent.

Condit. présent.

Je pei....ndrais,
tu pei....ndrais,
il pei....ndrait,
n. pei....ndrions,
v. pei....ndriez,
ils pei....ndraient.

Imparf. ind.

Je pei....gnais,
tu pei....gnais,
il pei....gnait,
n. pei....gnions,
v. pei....gniez,
ils pei....gnaient.

Subjonctif.

que
Je pei....gne,
tu pei....gnes,
il pei....gne,
n. pei....gnions,
v. pei....gniez,
ils pei....gnent.

Parfait défini.

Je pei....gnis,
tu pei....gnis,
il pei....gnit,
n. pei....gnîmes,
v. pei....gnîtes,
ils pei....gnirent.

Imparf. subj.

que
Je pei....gnisse,
tu pei....gnisses,
il pei....gnît,
n. pei....gnissions,
v. pei....gnissiez,
ils pei....gnissent.

Futur.

Je pei....ndrai,
tu pei....ndras,
il pei....ndra,
n. pei....ndrons,
v. pei....ndrez,
ils pei....ndront.

Impératif.

pei....ns,

pei....gnons,
pei....gnez.

INFINITIF.

Présent.	*Gérondif.*	*Participe.*
Pei....ndre,	pei....gnant,	pei....nt.

Attei...ndre, encei..ndre, plai..ndre,
avei....ndre, enfrei..ndte, tei....ndre,
cel.....ndre, emprei.ndre, oi.....ndre,
complai.ndre, étei....ndre, joi....ndre,
contrai..ndre, étrei...ndre, conjoi.ndre,
crai.....ndre, fei....ndre, déjoi..ndre,
dépei....ndré, astrei..ndre, enjoi...ndre,
détei....ndre, restrei.ndre, rejoi..ndre,
poi...ndre.

En général tous ceux dont
l'infinitif est en *indre.*

27.ᵉ Conjug. 11.ᵉ en *re endre.*

Indic. présent.

Je pr....ends,
tu pr....ends,
il pr....end,
n. pr....enons,
v. pr....enez,
ils pr....ennent.

Condit. présent.

Je pr....endrais,
tu pr....endrais,
il pr....endrait,
n. pr....endrions,
v. pr....endriez,
ils pr....endraient.

Imparf. ind.

Je pr....enais,
tu pr....enais,
il pr....enait,
n. pr....enions,
v. pr....eniez,
ils pr....enaient.

Subjonctif.

que
Je pr....enne,
tu pr....ennes,
il pr....enne,
n. pr....enions,
v. pr....eniez,
ils pr....ennent.

Parfait défini.

Je pr....is,
tu pr....is,
il pr....it,
n. pr....îmes,
v. pr....îtes,
ils pr....irent.

Imparf. subj.

que
Je pr....isse,
tu pr....isses,
il pr....ît,
n. pr....issions,
v. pr....issiez,
ils pr....issent.

Futur.

Je pr....endrai,
tu pr....endras,
il pr....endra,
n. pr....endrons,
v. pr....endrez,
ils pr....endront.

Impératif.

pr....ends,

pr....enons,
pr....enez.

INFINITIF.

Présent.	*Gérondif.*	*Participe.*
Pr....endre,	pr....enant,	pr....is.

Appr......endre,
compr.....endre,
se dépr....endre.
désappr....endre,
entrepr.....endre,
se mépr.....endre,
repr.......endre.
surpr......endre.

28. Conjug. 12.ᵉ en *re ettre*. | 29.ᵉ Conjug. 13.ᵉ en *re andre, endre et dre, pre, attre.*

Indic. présent.	**Condit. présent.**	**Indic. présent.**	**Condit. présent.**
Je m.....ets,	Je m.....ettrais,	Je rend....s,	Je rend....rais,
tu m.....ets,	tu m.....ettrais,	tu rend....s,	tu rend....rais,
il m.....et,	il m.....ettrait,	il rend......,	il rend....rait,
n. m.....ettons,	n. m.....ettrions,	n. rend....ons,	n. rend....rions,
v. m.....ettez,	v. m.....ettriez,	v. rend....ez,	v. rend....riez,
ils m.....ettent.	ils m.....ettraient.	ils rend....ent.	ils rend....raient.

Imparf. indic.	**Subj. présent.**	**Imparf. indic.**	**Subj. présent.**
Je m.....ettais,	que { Je m.....ette,	Je rend....ais,	que { Je rend....e,
tu m.....ettais,	tu m.....ettes,	tu rend....ais,	tu rend....es,
il m.....ettait,	il m.....ette,	il rend....ait,	il rend....e,
n. m.....ettions,	n. m.....ettions,	n. rend....ions,	n. rend....ions,
v. m.....ettiez,	v. m.....ettiez,	v. rend....iez,	v. rend....iez,
ils m.....ettaient.	ils m.....ettent.	ils rend....aient.	ils rend....ent.

Parfait défini.	**Imparf. subj.**	**Parfait défini.**	**Imparf. subj.**
Je m.....is,	que { Je m.....isse,	Je rend....is,	que { Je rend....isse,
tu m.....is,	tu m.....isses,	tu rend....is,	tu rend....isses,
il m.....it,	il m.....ît,	il rend....it,	il rend....ît,
n. m.....îmes,	n. m.....issions,	n. rend....îmes,	n. rend....issions,
v. m.....îtes,	v. m.....issiez,	v. rend....îtes,	v. rend....issiez,
ils m.....irent.	ils m.....issent.	ils rend....irent.	ils rend....issent.

Futur.	**Impératif.**	**Futur.**	**Impératif.**
Je m.....ettrai,	. . . .	Je rend....rai,	. . . .
tu m.....ettras,	m.....ets,	tu rend....ras,	rend....s,
il m.....ettra,	. . . .	il rend....ra,	. . . .
n. m.....ettrons,	m.....ettons,	n. rend....rons,	rend....ons,
v. m.....ettrez,	m.....ettez.	v. rend....rez,	rend....ez.
ils m.....ettront.	. . . .	ils rend....ront.	. . . .

INFINITIF. | **INFINITIF.**

Présent.	**Gérondif.**	**Participe.**	**Présent.**	**Gérondif.**	**Participe.**
M.....ettre,	m.....ettant,	m.....is.	Rend....re,	rend....ant,	rend....u.

Adm......ettre,	om.......ettre,	Attend.....re,	épand...re,	pourfend. re,
comm.....ettre,	perm......ettre,	condescend. re,	étend....re,	revend...re,
comprom..ettre,	prom......ettre,	defend.....re,	fend....re,	survend..re,
dém......ettre,	rem.......ettre,	dépend.....re,	mevend. re,	suspend...re,
ém.......ettre,	soum......ettre,	descend...re,	pend...re,	tend.....re,
s'entrem...ettre,	transm....ettre.	detend....re,	pretend. re,	vend.....re.
		enteud.....re,	répand..re,	

Voyez la remarque suivante.

REMARQUES

On conjugue encore sur le même verbe *rendre*, 1.º les suivants en *ordre*:

démord.....re,	mord.......re,	retord.....re,
détord.....re,	remord.....re,	tord........re.

2.º les suivants en *attre*:

abatt.......re,	débatt.....re,	rabatt.....re,
batt.......re,	s'ébatt......re,	rebatt......re;
combatt.....re,		

mais ces sept verbes ne conservent qu'un *t* au singulier de l'indicatif et de l'impératif en la maniere suivante.

INDICATIF PRÉSENT.	IMPÉRATIF.
Je bats,	
tu bats,	bats,
il bat,	
n. battons,	battons,
v. battez,	battez.
ils battent.	

3.º les suivantes en *ompre*:

romp.......re,	interromp...re,	corromp....re;

mais à la troisième personne du présent de l'indicatif seulement ils prennent un *t* après la dernière radicale *p* en la maniere suivante:

il rompt , il interrompt , il corrompt.

Le reste est parfaitement regulier ainsi on a au présent de l'indicatif et à l'impératif *je romps, tu romps, nous rompons....* Impératif *romps* &c.

30.ᵉ Conjug. 14 en *re(s)oudre.* | 31.ᵉ Cónjug. 15 en *re* autre en *oudre.*

Indic. présent.	Condit. présent.	Indic. présent.	Condit. présent.
Je rés ous,	Je rés oudrais,	Je cou ds,	Je cou drais,
tu rés ous,	tu rés oudrais,	tu cou ds,	tu cou drais,
il rés out,	il rés oudrait,	il cou d,	il cou drait,
n. rés olvons,	n. rés oudrions,	n. cou sons,	n. cou drions,
v. rés olvez,	v. rés oudriez,	v. cou sez,	v. cou driez,
ils rés olvent.	ils rés oudraient.	ils cou sent.	ils cou draient.

Imparf. indic.	Subj. présent.	Imparf. indic.	Subj. présent.
Je rés olvais,	Je rés olve,	Je cou sais,	Je cou se,
tu rés olvais,	tu rés olves,	tu cou sais,	tu cou ses,
il rés olvait,	il rés olve,	il cou sait,	il cou se,
n. rés olvions,	n. rés olvions,	n. cou sions,	n. cou sions,
v. rés olviez,	v. rés olviez,	v. cou siez,	v. cou siez,
ils rés olvaient.	ils rés olvent.	ils cou saient.	ils cou sent.

que

Parfait défini.	Imparf. subj.	Parfait défini.	Imparf. subj.
Je rés olus,	Je rés olusse,	Je cou sis,	Je cou sisse,
tu rés olus,	tu rés olusses,	tu cou sis,	tu cou sisses,
il rés olut,	il rés olût,	il cou sit,	il cou sît,
n. rés olûmes,	n. rés olussions,	n. cou sîmes,	n. cou sissions,
v. res olûtes,	v. rés olussiez,	v. cou sîtes,	v. cou sissiez,
ils rés olurent.	ils rés olussent.	ils cou sirent.	ils cou sissent.

que

Futur.	Impératif.	Futur.	Impératif.
Je rés oudrai,		Je cou drai,	
tu rés oudras,	rés ous,	tu cou dras,	cou ds,
il rés oudra,		il cou dra,	
n. rés oudrons,	rés olvons,	n. cou drons,	cou sons,
v. rés oudrez,	rés olvez.	v. cou drez,	cou sez.
ils rés oudront.		ils cou dront,	

INFINITIF.

Présent.	Gérondif.	Participe.
Res....oudre,	rés....olvant,	rés....olu.

Abs......oudre,
diss......oudre,
s........oudre,

INFINITIF.

Présent.	Gérondif.	Participe.
Cou....dre,	cou....sant,	cou....su.

Décou......dre,
Recou......dre.

Absoudre et *dissoudre* font à leurs participes *absous*, *absoute*; *dissous*, *dissoute*. Et
résoudre fait lui-même au participe *résous*,
sans feminin, dit *on*, quand il signifie *changer en reduire* convertir en...
Soudre n'a que l'infinitif.

32.e Conj. 16.e en re, g.e en oudre.

Indic. présent.

Je mou... ds,
tu mou... ds,
il mou... d,
n. mou... lons,
v. mou... lez,
ils mou... lent.

Condit. présent.

Je mou... drais,
tu mou... drais,
il mou... drait,
n. mou... drions,
v. mou... driez,
ils mou... draient.

Imparf. indic.

Je mou... lais,
tu mou... lais,
il mou... lait,
n. mou... lions,
v. mou... liez,
ils mou... laient.

Subj. présent.

que

Je mou... le,
tu mou... le,
il mou... le,
n. mou... lions,
v. mou... liez,
ils mou... lent.

Parfait défini.

Je mou... lus,
tu mou... lus,
il mou... lut,
n. mou... lûmes,
v. mou... lutes,
ils mou... lurent.

Imparf. subj.

que

Je mou... lusse,
tu mou... lusses,
il mou... lût,
n. mou... lussions,
v. mou... lussiez,
ils mou... lussent.

Futur.

Je mou... drai,
tu mou... dras,
il mou... dra,
n. mou... drons,
v. mou... drez,
ils mou... dront.

Impératif.

mou... ds,

mou... lons,
mou... lez.

INFINITIF.

Présent. **Gérondif.** **Participe.**

Mou....dre,   mou....lant,   mou....lu.

Emou.......dre,
remou.......dre.

33.e Conj. 17.e en re... en... ... ure.

Indic. présent.

Je conclu... s,
tu conclu... s,
il conclu... t,
n. conclu... ons,
v. conclu... ez,
ils conclu... ent.

Condit. présent.

Je conclu... rais,
tu conclu... rais,
il conclu... rait,
n. conclu... rions,
v. conclu... riez,
ils conclu... raient.

Imparf. indic.

Je conclu... ais,
tu conclu... ais,
il conclu... ait,
n. conclu... ions,
v. conclu... iez,
ils conclu... aient.

Subj. présent.

que

Je conclu... e,
tu conclu... es,
il conclu... e,
n. conclu... ions,
v. conclu... iez,
ils conclu... ent.

Parfait défini.

Je conclu... s,
tu conclu... s,
il conclu... t,
n. conclû... mes,
v. conclû... tes,
ils conclu... rent.

Imparf. subj.

que

Je conclu... sse,
tu conclu... sses,
il conclû... t,
n. conclu... ssions,
v. conclu... ssiez,
ils conclu... ssent.

Futur.

Je conclu... rai,
tu conclu... ras,
il conclu... ras,
n. conclu... rons,
v. conclu... rez,
ils conclu... ront.

Impératif.

conclu... s,

conclu... ons,
conclu... ez.

INFINITIF.

Présent. **Gérondif.** **Participe.**

Conclu....re,   conclu....ant,   conclu.....

Exclu... ... ... ure,
inclu... ... ... ure,
reclu... ... ... re.

Le participe du verbe *exclure* a deux féminins *excluse* et *exclue*; mais au masculin il fait toujours *exclu* au singulier et *exclus* au pluriel.

34.ᵉ Conjug. 18.ᵉ en *re. uivre.*		35.ᵐᵉ Conjug. 19.ᵉ en *re. ivre.*	
Indic. présent.	**Condit. présent.**	**Indic. présent.**	**Condit. présent.**
Je sui....s,	Je sui....vrais,	Je v....is,	Je v....ivrais,
tu sui....s,	tu sui....vrais,	tu v....is,	tu v....ivrais,
il sui....t,	il sui....vrait,	il v....it,	il v....ivrait,
n. sui....vons,	n. sui....vrions,	n. v....ivons,	n. v....ivrions,
v. sui....vez,	v. sui....vriez,	v. v....ivez,	v. v....ivriez,
ils sui....vent.	ils sui....vraient.	ils v....ivent.	ils v....ivraient.
Imparf. indic.	**Subj. présent.**	**Imparf. indic.**	**Subj. présent.**
Je sui....vais,	Je sui....ve,	Je v....ivais,	Je v....ive,
tu sui....vais,	tu sui....ves,	tu v....ivais,	tu v....ives,
il sui....vait,	il sui....ve,	il v....ivait,	il v....ive,
n. sui....vions,	n. sui....vions,	n. v....ivions,	n. v....ivions,
v. sui....viez,	v. sui....viez,	v. v....iviez,	v. v....iviez,
ils sui....vaient.	ils sui....vent.	ils v....ivaient.	ils v....ivent.
Parfait défini.	**Imparf. subj.**	**Parfait défini.**	**Imparf. subj.**
Je sui....vis,	Je sui....visse,	Je v....écus,	Je v....écusse,
tu sui....vis,	tu sui....visses,	tu v....écus,	tu v....écusses,
il sui....vit,	il sui....vît,	il v....écut,	il v....écût,
n. sui....vîmes,	n. sui....vissions,	n. v....écûmes,	n. v....écussions,
v. sui....vîtes,	v. sui....vissiez,	v. v....écûtes,	v. v....écussiez,
ils sui....virent.	ils sui....vissent.	ils v....écurent.	ils v....écussent.
Futur.	**Impératif.**	**Futur.**	**Impératif.**
Je sui....vrai,	. . . .	Je v....ivrai,	. . . .
tu sui....vras,	sui....s,	tu v....ivras,	v....is,
il sui....vra,	. . . .	il v....ivra,	. . . .
n. sui....vrons,	sui....vons,	n. v....ivrons,	v....ivons,
v. sui....vrez,	sui....vez.	v. v....ivrez,	v....ivez.
ils sui....vront.	. . . .	ils v....ivront.	. . . .

INFINITIF.

Présent.	Gérondif.	Participe.
Sui....vre,	sui....vant,	sui....vi.

Poursui....vre,
s'ensui....vre.

Ce dernier ne s'emploie guère qu'au troisiemes personnes, ou impersonnellement.
C'est une faute d'y séparer *en* de suivre
en en suit. Il faut écrire, s'ensuit.

INFINITIF.

Présent.	Gérondif.	Participe.
V....ivre,	v....ivant,	v....écu.

Rev........ivre,
surv........ivre.

36.e Conjug. 20.e en *re* aincre. | **37.e Conjug. 21.e en *re* orre défective.**

36.e Conjug. 20.e en *re* vaincre.

Indic. présent.

Je vain...cs,
tu vain...cs,
il vain...c,
n. vain...quons,
v. vain...quez,
ils vain...quent.

Imparfait.

Je vain...quais,
tu vain...quais,
il vain...quait,
n. vain...quions,
v. vain...quiez,
ils vain...quaient.

Parfait défini.

Je vain...quis,
tu vain...quis,
il vain...quit,
n. vain...quîmes,
v. vain...quîtes,
ils vain...quirent.

Futur.

Je vain...crai,
tu vain...cras,
il vain...cra,
n. vain...crons,
v. vain...crez,
ils vain...cront.

Condit. présent.

Je vain...crais,
tu vain...crais,
il vain...crait,
n. vain...crions,
v. vain...criez,
ils vain...craient.

Subj. présent.

que {
Je vain...que,
tu vain...ques,
il vain...que,
n. vain...quions,
v. vain...quiez,
ils vain...quent. }

Imparfait.

que {
Je vain...quisse,
tu vain...quisses,
il vain...quît,
n. vain...quissions,
v. vain...quissiez,
ils vain...quissent. }

Impératif.

vain...cs,

vain...quons,
vain...quez.

INFINITIF.

Présent.	*Gérondif.*	*Participe.*
Vain...cre,	vain...quant,	vain......cu.

Convain......cre,

Il fait comme *vaincre* au gérondif convainquant avec *qu*; mais l'adjectif *convaincant* prend un *c*.

37.e Conjug. 21.e en *re* clorre défective.

Indic. présent.

Je clo......s,
tu clo......s,
il clô......t,
n. clo...sons,
v. clo...sez,
ils clo...sent.

Point d'imparfait selon l'académie.

Point de parfait défini absolument.

Futur.

Je clo......rrai,
tu clo......rras,
il clo......rra,
n. clo......rrons,
v. clo......rrez,
ils clo......rront.

Condit. présent.

Je clo rrais,
tu clo rrais,
il clo rrait,
n. clo rrions,
v. clo rriez,
ils clo rraient.

Point de subj. prés. selon l'académie.

Point d'imparf. du subj. absolument.

Impératif.

clo...s,

clo...sons,
clo...sez.

INFINITIF.

Présent.	*Gérondif.*	*Participe.*
Clo...rre,	clo......sant,	clo......s.

Enclo...rre et déclo...rre.

On ne prononce qu'un seul *r* dans *clorre*, *clorrai* &c.

En style de palais d'affaires &c. on ne fait point de difficulté de donner au verbe *clorre* le présent, l'imparfait de l'infinitif, et le présent du subjonctif.

Attendu qu'il est minuit, nous closons le présent procès verbal .... il est tems que nous closions &c.

On peut sans faute conjuguer de même les composés.

CONJUGAISON DE QUELQUES VERBES IRRÉGULIERS
les plus usités.

VOULOIR.

Indic. présent.

Je veux,
tu veux,
il veut,
n. voulons,
v. voulez,
ils veulent.

Condit. présent.

Je voudrais,
tu voudrais,
il voudrait,
n. voudrions,
v. voudriez,
ils voudraient.

Imparfait.

Je voulais,
tu voulais,
il voulait,
n. voulions,
v. vouliez,
ils voulaient.

Subj. présent.

Je veuille,
tu veuilles,
il veuille,
n. voulions,
v. vouliez,
ils veuillent.

Parfait défini.

Je voulus,
tu voulus,
il voulut,
n. voulûmes,
v. voulûtes,
ils voulurent.

Imparfait.

Je voulusse,
tu voulusses,
il voulût,
n. voulussions,
v. voulussiez,
ils voulussent.

Futur.

Je voudrai,
tu voudras,
il voudra,
n. voudrons,
v. voudrez,
ils voudront.

Impératif.

veuille,
veuillons,
veuillez.

INFINITIF.

Présent. **Gérondif.** **Participe.**

Vouloir, voulant, voulu.

Quoique l'académie ni les grammairiens ne nous disent nulle part comment ce verbe fait à l'impératif, je me hasarde à le donner ici l'impératif que je vois fort en usage.

CROIRE.

Indic. présent.

Je crois,
tu crois,
il croit,
n. croyons,
v. croyez,
ils croient.

Condit. présent.

Je croirais,
tu croirais,
il croirait,
n. croirions,
v. croiriez,
ils croiraient.

Imparfait.

Je croyais,
tu croyais,
il croyait,
n. croyions,
v. croyiez,
ils croyaient.

Subj. présent.

Je croie,
tu croies,
il croie,
n. croyions,
v. croyiez,
ils croient.

Parfait défini.

Je crus,
tu crus,
il crut,
n. crûmes,
v. crûtes,
ils crurent.

Imparfait.

Je crusse,
tu crusses,
il crût,
n. crussions,
v. crussiez,
ils crussent.

Futur.

Je croirai,
tu croiras,
il croira,
n. croirons,
v. croirez,
ils croiront.

Impératif.

crois,
croyons,
croyez.

INFINITIF.

Présent. **Gérondif.** **Participe.**

Croire, croyant, cru.

Pouvoir quoique composé de *voir* se conjugue comme *croire* ; mais il n'a point d'e muet à l'infinitif.

Accroire n'a que l'infinitif. *Décroire* a tous les tems, mais il ne s'emploie que avec le verbe *croire* en cette sorte : je ne le crois ni le décrois. Je ne le croyais ni le décroyais &c.

SAVOIR.   BOIRE.

Indic. présent.	*Condit. présent.*	*Indic. présent.*	*Condit. présent.*
Je sais,	Je saurais,	Je bois,	Je boirais,
tu sais,	tu saurais,	tu bois,	tu boirais,
il sait,	il saurait,	il boit,	il boirait,
n. savons,	n. saurions,	n. buvons,	n. boirions,
v. savez,	v. sauriez,	v. buvez,	v. boiriez,
ils savent.	ils sauraient.	ils boivent.	ils boiraient.

Imparfait.	*Subj. présent.*	*Imparfait.*	*Subj. présent.*
Je savais,	Je sache,	Je buvais,	Je boive,
tu savais,	tu saches,	tu buvais,	tu boives,
il savait,	il sache,	il buvait,	il boive,
n. savions,	n. sachions,	n. buvions,	n. buvions,
v. saviez,	v. sachiez,	v. buviez,	v. buviez,
ils savaient.	ils sachent.	ils buvaient.	ils boivent.

Parfait défini.	*Imparfait.*	*Parfait défini.*	*Imparfait.*
Je sus,	Je susse,	Je bus,	Je busse,
tu sus,	tu susses,	tu bus,	tu busses,
il sut,	il sût,	il but,	il bût,
n. sûmes,	n. sussions,	n. bûmes,	n. bussions,
v. sûtes,	v. sussiez,	v. bûtes,	v. bussiez,
ils surent.	ils sussent.	ils burent.	ils bussent.

Futur.	*Impératif.*	*Futur.*	*Impératif.*
Je saurai,		Je boirai,	
tu sauras,	sache,	tu boiras,	bois,
il saura,		il boira,	
n. saurons,	sachons,	n. boirons,	buvons,
v. saurez,	sachez.	v. boirez,	buvez.
ils sauront.		ils boiront.	

Présent.	*Gérondif.*	*Participe.*	*Présent.*	*Gérondif.*	*Participe*
Savoir,	sachant,	su.	Boire,	buvant,	bu.

Ceux qui, prétendent que *savoir* vient de *scire*, écrivent *sçavoir*, se trompent sur l'étymologie de ce verbe : il vient de *sapere*, en espagnol *saber*, en italien *saper*.

On prétend qu'un de nos fameux auteurs a employé le verbe *imboire* à l'infinitif, mais c'est hors d'usage ; cependant j'ai vu *imbu* employé avec l'auxiliaire *avoir* et même avec *s'être*, on les avait imbus .... les nations après *s'être* imbues &c.

OBSERVATIONS.

Nous avons quelques verbes qui se conjuguent de deux manieres selon le sens qu'ils ont : ce sont les suivants.

RÉPARTIR faire une répartition, partager, distribuer, se conjugue comme *finir*.

RÉPARTIR avec un *e* muet signifie ou répliquer vivement, répondre promptement, ou bien partir de nouveau Retourner ; dans ces deux derniers sens il se conjugue comme *mentir*.

RESSORTIR dans le sens de sortir une seconde fois, se conjugue comme *mentir* ; ressortir dans le sens de dépendre d'une jurisdiction, se conjugue comme *finir*.

SAILLIR qui se dit des choses liquides lorsqu'elles s'élancent à leur sortie, qu'elles sortent par secousses et avec impétuosité, se conjugue comme *finir*. *De moment à autre son sang saillissait de sa blessure.* On le conjugue encore comme *finir* dans de *couvrir* en parlant des animaux *Je désire que cet étalon saillisse ma cavale.*

SAILLIR signifiant *dépasser, outrepasser une surface* se conjugue comme *cueillir. Votre corniche ne saille pas assez déjà, et elle saillerait encore moins si &c.* dans ce sens il n'a guerre que les troisièmes personnes.

SORTIR terme de palais signifiant *obtenir, avoir,* se conjugue comme *finir. Croyez-vous que cette sentence sortisse son effet.*

SORTIR dans le sens *d'aller de dedans en dehors* se conjugue comme *mentir.*

LISTE ALPHABÉTIQUE DE QUELQUES VERBES
ou irréguliers ou defectifs ou peu connus qu'on ne peut ou qu'on ne doit rapporter à aucune des précedentes conjugaisons.

APPAROIR terme de palais (*être évident, manifeste* &c.) n'a que cet infinitif et la troisieme personne singulière duprésent de l'indicatif : *faites apparoir lepouvoir que vous vous attribuez. Il appert de là que* &c.

CHOIR (*tomber*) quoique primitif de *echoir* et de *déchoir* il n'a que l'infinitif et le participe *chue* ; mais il a les tems composés et se conjugue avec *être.*

COMPAROIR (*comparaître*) terme de palais n'a que cet infinitif les autres tems sont ceux du verbe *comparaître*; ou plutôt disons que *comparaître* terme de *palais* a deux infinitifs.

ECLORE quoique composé de *clorre* avec deux r n'en prend qu'une à l'infinitif et parconsequent au futur et au conditionnel il se conjugue
com-

comme *clorre* ; mais il prend *écra* aux tems composés, et n'a guère que les troisiemes personnes. Hors le parfait défini et l'imparfait du subjonctif il a tous les tems. *Je desire que cette fleur éclose, qu'elle soit éclose, elle éclora, la voilà qui éclôt.*

Faillir (*manquer à son devoir, aux lois, être de besoin, finir, se tromper &c. &c.*).

Comme ce verbe a plusieurs signification, il serait d'un usage plus fréquent s'il se conjugait régulièrement en toute son étendue, comme *cueillir* ; mais l'académie lui conserve encore son ancienne irrégularité: il a le singulier de l'indicatif, le futur et le conditionnel comme *valoir*... *Je faux, tu faux, il faut, nous faillons &c. Je faudrai, je faudrais &c.* et cette ressemblance qu'il a avec l'impersonnel *falloir,* est cause que l'usage le rejette du moins en ces parties irrégulieres, que l'on ne retrouve plus en aucun auteur. *Défaillir* se conjugue comme *cueillir* ; mais il est défectif : il n'a point les trois parties irrégulieres dont je viens de parler pour le verbe *faillir.*

Férir (*frapper*) n'a que l'infinitif, en cette sorte d'expressions *sans coup férir,* pour dire *sans se battre.*

Frire (*cuire ou être cuit dans une poêle*). Il n'a que l'infinitif, le singulier de l'indicatif *je fris, tu fris, il frit,* le futur et le conditionnel *je frirai, je frirais* ; mais comme ce verbe a la signification neutre (*être cuit*) on supplée à ses manques par le verbe *faire* en cette sorte *nous fesons frire, je fesais frire &c.*

Gésir (*être couché*) vieux verbe dont il ne nous est resté que quelques parties comme *il gît, ci-gît, ci-gisent* (formule des épitaphes) *nous gisons, vous gisez, il gisait, ils gisaient.* Ces parties sont assez usitées dans la poésie marotique ; *gît* est encore très usité en ces phrases-ci *la difficulté, la dispute &c. tout gît en cela, ne gît qu'en ce point &c.*

Issir (*sortir* de en parlant des races, des familles). Il ne nous reste de ce verbe que le participe *issu, issue,* que l'on n'emploie plus que comme adjectif : on pourrait se dispenser de le regarder désormais comme verbe français.

Mal-faire écrit avec un trait d'union, et *méfaire* n'ont que l'infinitif ; et ce dernier n'est guère en usage qu'au palais.

Mourir fait

à l'indicatif présent,		au subjonctif,	à l'impératif,	au participe.
je meurs,		je meure,		
tu meurs,		tu meures,	meurs,	mort, morte.
il meurt,	que	il meure,		
n. mourons,		n. mourions,	mourons,	
v. mourez,		v. mouriez,	mourez.	
ils meurent.		ils meurent.		

O

Le

Le reste absolument comme *courir*, il se conjugue avec *être*.

NAÎTRE se conjugue comme *croître*, mais il fait au parfait défini, à l'imparfait du subj. et au participe :

<table>
<tr><td>je naquis,</td><td></td><td>je naquisse,</td><td></td></tr>
<tr><td>tu naquis,</td><td></td><td>tu naquisses,</td><td>né, née.</td></tr>
<tr><td>il naquit,</td><td>que</td><td>il naquît,</td><td></td></tr>
<tr><td>n. naquîmes,</td><td></td><td>n. naquissions,</td><td></td></tr>
<tr><td>v. naquîtes,</td><td></td><td>v. naquissiez,</td><td></td></tr>
<tr><td>ils naquirent.</td><td></td><td>ils naquissent.</td><td></td></tr>
</table>

Il se conjugue avec *être*. — *Renaître* comme *naître*; mais on ne lui connaît point de participe, ni par conséquent de tems composes.

OCCIRE (*tuer*) on ne le trouve que dans la chevalerie et dans la poésie marotique. Participe *occis*. Il paraît qu'il s'est conjugué comme *dédire*, *suffire*, lorsqu'il était en usage.

OUÏR participe *ouï*, parfait défini *j'ouïs*, *tu ouïs*, *il ouït* &c. imparfait *que j'ouïsse*, *tu ouïsses*, *il ouït* &c. tems composés *j'ai ouï*, *j'avais ouï* &c. Voilà les parties de ce verbe qui sont restées en usage. Il paraît que dans l'ancien tems les autres tems de ce verbe se conjuguaient comme *prévoir* car on trouve *j'ois*, *tu ois*, *il oit*, *nous oyons*, *vous oyez*, *ils oient*, *j'oyais* &c. *j'oirai*, *que j'oie* &c.

PAÎTRE se conjugue comme *croître*; mais il est défectif : il n'a ni participe, ni parfait défini, ni imparfait du subjonctif, parce que ces trois parties sont semblables aux mêmes du verbe *pouvoir* *pu*, *je pus*, *je pusse*; mais *repaître* est complet.

QUERIR (chercher quelqu'un ou quelque chose avec charge ou d'amener ou d'apporter). Il n'a que l'infinitif. Il y a certains pays en France où ce verbe est absolument inusité ; mais il y en a d'autres, par exemple Paris et les environs, où le peuple l'a sans cesse à la bouche : *Va me querir cela*, *viens me querir ceci*, *allez querir votre père* &c. et la grande habitude d'employer ce verbe en fait abréger la prononciation ; au lieu de *querir* on prononce *cri*.

SOULOIR (*avoir coutume*). Il est vieux, nos anciens poëtes l'ont quelquefois employé à l'imparfait. La Fontaine dans son épitaphe a dit :

> *Quant à son tems, bien sut le dispenser*
>
> *deux parts en fit, dont il soulait passer*
>
> *l'une à dormir, et l'autre à ne rien faire.*

SURGIR (*arriver*) *surgir au port*, *surgir à bon port* &c. Il est vieux et n'a que cet infinitif.

N.

N. B. Sur les verbes neutres, qui prennent à leurs tems composé les auxiliaires *être* ou *avoir*.

Les verbes neutres qui, selon les décisions des Grammairiens, prennent à leurs tems composés l'auxiliaire *être* sont *aller*, *arriver*, *choir*, *déchoir*, *décéder*, *entrer*, *mourir*, *naître*, *partir*, *rester*, *sortir*, *tomber*, *venir*, *devenir*, *intervenir*, *parvenir*, *revenir*, *survenir*.

Les suivants prennent *être* ou *avoir* indifféremment *accourir*, *accroître*, *apparaître*, *comparaître*, *croître*, *decroître*, *disparaître*, *périr*, *recroître*, *échapper*.

Les suivants prennent *être*, quand ils sont neutres; et *avoir* quand ils sont verbes actifs, *accoucher*, *entrer*, *descendre*, *monter*, *sortir*, *echapper*.

Les suivants prennent *être* et *avoir* selon les sens qu'ils présentent.

Convenir dans le sens d'être convenable, prend *avoir*: ce domestique vous aurait bien convenu: cette maison lui a d'abord convenu.

Convenir, signifiant avouer, tomber d'accord, prend *être*. Il est convenu de sa sottise: nous sommes convenu de l'heure et du lieu du rendez-vous.

Demeurer, faire sa demeure, habiter, avoir domicile, prend *avoir*: il a demeuré trois ans dans la grand'rue.

Demeurer, rester, tarder à revenir, ne point revenir, prend *être*: il est allé à la campagne, et il y est demeuré pour voir les vendanges.

Passer quand ce verbe suppose un tems qui s'écoule, ou une action qui ne peut se répéter, se recommencer, sur laquelle on ne peut revenir &c. il se conjugue avec *être*: l'heure est passée; le moment est passé; quand la nuit sera passée; vous venez trop tard pour voir la pompe funebre, le convoi, le cortège, la nôce &c. il est passé, elle est passée: vous n'atteindrez point vos fuyards: ils sont passés de l'autre côté du fleuve.

Dans le sens de mourir, il prend encore *être*: c'est fait delui, il est passé comme une chandelle. Dans ce sens il prend aussi *avoir*.

Passer entre les mains et au pouvoir de quelqu'un prend *être* ou *avoir*: cette charge a passé ou est passée; cet empire a passé ou est passé à ses descendents.

Passer dans le sens de *finir* ou *de se changer en* ... prend *être* ou *avoir*: le caprice lui en est ou lui en a passe: l'histoire en est passée ou en a passé en proverbe.

Passer, dans toutes ses autres significations, qui sont nombreuses, prend toujours *avoir*; surtout quand il est accompagné d'une préposition et de son régime, comme *passer*, *par*, *sur*, *dans*. *contre*, *près* &c. Ainsi quoique précédemment j'aye donné pour exemple: *les fuyards*

sont

sont passés de l'autre côté du fleuve, parce que *passer* suppose *ici* dans les fuyards l'intention de ne point revenir, on ne doit point conclure que l'on puisse dire, avec quelques-uns de nos journalistes: *Mr. N. est passé dans notre ville* &c. on doit toujours dire *a passé par notre ville, a passé près de ... a passé dans ... a passé contre* &c.

TA-

TABLE ALPHABÉTIQUE DE TOUS LES VERBES

dont il est parlé dans le cours de cet ouvrage, et rangés chacun selon la terminaison des infinitifs.

N.ᵃ Je répète ici 1.° que les verbes en *er* qu'on ne trouvera point dans la table suivante ne présentent aucune difficulté, et qu'on doit les conjuguer comme *dîner* ou avec les terminatives d'*appeler*, de *balayer* ou de *partager*.

ORDRE DES TERMINAISONS DES INFINITIFS

dans cette table.

Er	1	indre	8	ordre	15
ir	2	andre et endre	9	oudre	16
ire	3	endre	10	ore et orre	17
oir	4	ettre	11	ire	18
oire	5	attre	12	ivre	19
aire	6	ondre	13	uivre	20
oître ou aître	7	ompre	14	aincre	21

1.ᵉʳᵉ *er*

Aller, pag. 70.
amonceler,
appeler,
atteler,
cacheter,
chanceler,
decacheter, } p. 66.
dejeter,
depuceler,
desensorceler,
dételer,
ecarteler,
envoyer, } p. 69.
etinceler,

harceler,
jeter,
projeter,
recacheter,
rejeter, } p. 69.
renouveler,
renvoyer,
ruiseler,
teter.

2.ᵉ *ir*

Abstenir s', p. 81.
accourir, p. 76.
accueillir, p. 80.

acquérir, p. 77. mod. 7.
appartenir, p. 81.
assaillir, p. 79.
avenir, p. 81.
asservir, p. 75.
bouillir, p. 79. m. 10.
concourir, p. 76.
conquérir, p. 77.
consentir, p. 74.
contenir, } p. 81.
contrevenir,
convenir,
courir, p. 76. m. 6.
couvrir, p. 78.
cueillir, p. 80. m. 10. bis.
débouillir, p. 79.
decouvrir, p. 78.

défaillir, p. 79.	partir, p. 74.	
démentir, } p. 74.	parvenir, p. 81.	**3.e terminaison _ire._**
départir, }	pressentir, p. 74.	
déprévenir, p. 81.	prévenir, } p. 81.	
desendormir, } p. 75.	provenir, }	
desservir, }	querir, p. 106.	Bruire, p. 94.
détenir, } p. 81.	reboullir, p. 79.	circoncire, p. 90.
devenir, }	reconquerir, p. 77.	circonscrire, p. 91.
devêtir, p. 78.	recourir, p. 76.	conduire, p. 92.
disconvenir, p. 81.	recueillir, p. 80.	confire, p. 90.
discourir, p. 76.	refuir, p. 94.	construire, p. 92.
dormir, p. 75. m. 4.	rejaillir, p. 80.	contredire, p. 90.
ébouillir, p. 79.	rendormir, p. 75. m.	cuire, p. 92.
encourir, p. 76.	répartir, }	deconfire, p. 91.
endormir, p. 75.	repartir, } p. 74.	décrire, p. 91.
enfuir, s', p. 94.	repentir, se, }	déduire, p. 92.
enquérir, p. 77.	requerir, p. 77.	dédire, p. 90.
entretenir, p. 81.	ressentir, p. 74.	déduire, p. 92.
entr'ouvrir, p. 78.	resservir, p. 75.	détruire, p. 92.
faillir, } p. 105.	ressortir, p. 74.	dire, p. 90. m. 21.
férir, }	ressouvenir, }	duire, } p. 92.
finir, p. 73. m. 2.	retenir, } p. 81.	éconduire, }
fleurir, p. 72.	revenir, }	écrire, p. 91. m. 22.
fuir, p. 94.	revêtir, }	élire, p. 93.
gésir, p. 105.	rouvrir, } p. 78.	enduire, p. 92.
haïr, p. 72.	saillir, p. 104.	frire, p. 104.
jaillir, p. 80.	secourir, p. 76.	induire, p. 92.
intervenir, p. 81.	sentir, p. 74.	inscrire, p. 91.
issir, p. 105.	servir, p. 75. m. 5.	instruire, p. 92.
maintenir, p. 81.	sortir, p. 74.	interdire, p. 90.
mentir, p. 74. m. 3.	souffrir, p. 78.	introduire, p. 92.
mésavenir, p. 81.	soutenir, } p. 81.	lire, p. 93. m. 24.
mésoffrir, p. 78.	souvenir, se, }	luire, p. 92.
messervir, p. 75.	subvenir, p. 81.	maudire, p. 92.
mourir, p. 105.	surgir, p. 106.	médire, p. 90.
obtenir, p. 81.	survenir, p. 81.	nuire, p. 92.
offrir, p. 78.	survêtir, p. 78.	occire, p. 106.
ouïr, p. 106.	tenir, p. 81. m. 11.	prédire, p. 90.
ouvrir, p. 78. m. 9.	tressaillir, p. 79.	prescrire, p. 91.
parbouillir, p. 80.	venir, p. 81.	produire, p. 92.
parcourir, p. 76.	vêtir, p. 78. m. 8.	proscrire, p. 91.

8.eme terminaison

indre.

Astreindre,
atteindre,
aveindre,
ceindre,
complaindre,
conjoindre,
contraindre,
craindre,
déjoindre,
dépeindre,
déteindre,
empreindre,
enceindre,
enfreindre,
enjoindre,
épreindre,
éteindre,
étreindre,
feindre,
geindre,
joindre,
oindre, } p. 95.
peindre, p. 95. m. 26.
plaindre,
poindre,
rejoindre, } p. 95.
restreindre,
teindre.

9.eme terminaison

andre et *endre.*

Attendre, p. 96.

condescendre,
défendre,
dépendre,
descendre,
détendre,
entendre,
épandre, } p. 96.
étendre,
fendre,
mévendre,
pendre,
pourfendre,
prétendre,
rendre, p. 96. m. 29.
répandre,
rependre,
revendre,
survendre, } p. 96.
suspendre,
tendre,
vendre,

10.eme terminaison

endre.

Apprendre,
comprendre,
déprendre, se, } p. 95.
désapprendre,
entreprendre,
prendre, p. 95. m. 27.
reprendre, } p. 95.
surprendre,

11.eme terminaison

ettre.

Admettre, } p. 96.
commettre,

compromettre,
demettre, } p. 96.
émettre,
entremettre, s',
mettre, p. 96. m. 28.
omettre,
permettre,
promettre,
remettre. } p. 96.
soumettre,
transmettre,

12.e terminaison

attre.

Abattre,
battre,
combattre,
débattre, } p. 27.
ébattre, s',
rabattre,
rebattre,

13.e terminaison

ondre.

Confondre,
correspondre,
fondre,
morfondre,
pondre,
refondre, } p. 96.
répondre,
repondre,
semondre,
tondre,

14.e terminaison
ompre.

Corrompre,
interrompre, } p. 97.
rompre,

15.e terminaison
ordre.

Démordre,
détordre,
mordre,
remordre, } p. 97.
retordre,
tordre,

16.e terminaison
oudre.

Absoudre,   p. 98.

coudre, p. 98. m. 31.
découdre,
dissoudre, } p. 98.
émoudre,   p. 99.
moudre, p. 99. m. 31.
recoudre,   p. 98.
remoudre,   p. 99.
résoudre, p. 98. m. 30.
soudre,   p. 98.

17.e terminaison
ore et orre.

Clorre, p. 101. m. 37.
éclore,   p. 104.
enclorre,
déclorre, } p. 101.

18.e terminaison
ure.

Conclure, p. 99. m. 33.
exclure,
inclure, } p. 99.

reclure,   p. 99.

19.e terminaison
ivre.

Revivre,
vivre, } p. 100.
survivre, p. 100. m 35.

20.e terminaison
uivre.

Ensuivre, s',
poursuivre, } p. 100.
suivre, p. 100. m. 34.

21.e terminaison
aincre.

Convaincre, p. 101.
vaincre, p. 101. m. 36.

P

Pag.	l.	En	lisez	On
2	26	En	*lisez*	On
5	30	parassions		parussions.
22	34	marqua-ient		marquai-ent.
28	30	on		ou.
36	10	en		eu.
51	9	recuielle		recueille.
85	col. 2.ª	(être assim)		(être *assis*).